WAC BUNKO

「日本の歴史」4 江戸篇

世界一の都市 江戸の繁栄

渡部昇

WAC

渡部昇一『日本の歴史』第4巻　江戸篇

世界一の都市　江戸の繁栄

●目次

第1章 江戸幕府の本質は家康の個性《パーソナリティ》

第2章　「武」の時代から「文」の時代へ

第3章　養子と浪人たちの功績

第4章　元禄時代のパラドックス

第5章　白石と吉宗の時代

第6章 濁れる田沼と清き白河

第7章 開国への急流

第8章 幕府と朝廷――第二の建武の中興へ

第9章 江戸文化の独自性

装幀／神長文夫＋柏田幸子

第1章

江戸幕府の本質は家康の個性《パーソナリティ》

鎖国がなければ大東亜戦争もなかった

徳川家康が朝廷から征夷大将軍《せいいたいしょうぐん》に任命されて徳川幕府を開いたのは、慶長《けいちょう》八年（一六〇三）のことである。俗に〝徳川三百年〟と言われるが、それから慶応《けいおう》三年（一八六七）の大政奉還《たいせいほうかん》までは二百六十四年。慶長五年（一六〇〇）の関ヶ原の戦いから計算すれば、江戸時代は二百六十七年続いたと考えることができる。

この間のヨーロッパを見ると、関ヶ原の頃にはイギリスがイスパニアの無敵艦隊を破って（一五八八年）東インド会社を作り（一六〇〇年）、家康が没した元和《げんな》二年（一六一六）には、イギリスではシェイクスピアが、スペインでは『ドン・キホーテ』の著者セルバンテスが世を去っている。徳川幕府中期の十八世紀末にはアメリカが独立し（一七七六年）、フランス革命が起こり（一七八九～一七九九年）、十九世紀初頭にはナポレオン戦争があった（一八〇三～一八一五年）。徳川幕府がこれで実質上、終わったと考えられる小御所《こごしょ》会議が行われた慶応三年（一八六七）には、マルクスが『資本論』第一巻を出版し、アメリカがロシアからアラスカを買い、ビスマルクがドイツ帝国建設に乗り出している。

ヨーロッパでは、それほど変化の激しかった時代だ。帆船《はんせん》で戦争をしていたイスパニア無敵艦隊の時代から蒸気船の時代に移り、ナポレオン戦争が起こった一大変革の時代に、日本はいわゆる鎖国《さこく》をし、国を閉ざしていたのである。

鎖国についてはいろいろな議論がある。まったく国を閉ざしていたわけではなく、長崎を通して世界の情勢を把握《はあく》していたとか、鎖国にもプラスの面があったとか肯定的に考える人もいる。

たしかに鎖国によって日本は固有の天地を作り上げ、独自の文化を発達させた。では、徳川時代は日本の歴史にとってプラスであったかマイナスであったかといえば、私はやはり大きなマイナスの時代であったと思わざるを得ない。

私は江戸文化が好きだし、いまも江戸伝統芸能保存協会の副会長をしているくらいである。お座敷で会食するのも好きで、芸者の踊りを見るのも好きだ。しかし、日本全体の歴史から見ると、徳川幕府の鎖国政策はよくなかったと思う。

なぜかといえば、鎖国さえしていなければ大東亜戦争はなかったはずだからである。

大東亜戦争が起こったのは私が小学校五年生のときだったが、そのとき学校の先生が「いまごろ戦争をしなくてはならないのは、江戸時代に鎖国していたからである」とおっしゃった。それは鎖国に対する恨みだった。小学校の先生だから、とくに思想的に云々《うんぬん》ということではなく、それは当時、多くの人たちが考えていたことであり、子供にもよく分かる見方だった。

なぜ大東亜戦争が起こったかといえば、日本が近代産業国家として生きていくのに絶対必要な物資を、アメリカ、イギリス、オランダが「売らない」と決めたからだ。これが日本にとって致命傷《ちめいしょう》であった。もし鎖国をしていなければ、日本人はアジアに雄飛していたはずである。

戦国末期から、日本人は東南アジア各地に進出し、ルソン島やジャワやタイのバンコクには日本人町ができていた。そういった地域が日本の植民地になっていたとはいわないまでも、そこにできている政府は親日的であって、けっして「日本にものを売らない」などといって日本を苦しめることにはならなかったであろう。

であれば、大東亜戦争は起こらなくて済んだ。そういう考え方に当時は子供たちまで納得し、「ああ、やっぱり徳川三百年は日本が怠けていた時代だったんだなあ」と認識していたわけだ。

大東亜戦争が終わってもう六十五年が経つが、いまでも私はそう考えると徳川の時代はマイナスだったと断定せざるを得ない。

それに似たようなことを、かつて菊池寛《きくちかん》（注1）が言ったことがある。何かの座談のなかで「徳川の時代はいい時代であったかどうか」という話になったときに、菊池寛は「いい時代だったわけがないじゃないか、徳川幕府が考えたのは一にも二にも徳川家のことだけだった」と発言していた。それまで幕府を擁護《ようご》していた人も含め、列席者はみなそれに賛成してしまった。

もちろん、日本をよく治め、平和な時代を現出《げんしゅつ》せしめたのは間違いないが、徳川幕府のいちばんの目的が徳川家の安泰《あんたい》にあったことは明らかだ。それは、徳川幕府を作った家康の深謀遠慮《しんぼうえんりょ》によるものであった。徳川幕府の本質は、家康という人物にすべて表れていると思う。

（注1）**菊池寛**（一八八八～一九四八）　小説家・劇作家・ジャーナリスト。香川県生まれ。本名・寛《ひろし》。京都大学卒。文藝春秋社を創設し、雑誌『文藝春秋』を創刊。芥川賞・直木賞の設立者でもある。代表作に戯曲『屋上の狂人』『父帰る』、小説『恩讐《おんしゅう》の彼方に』『藤十郎の恋』『真珠夫人』などがある。

源氏と称して幕府を開く

家康は小説やドラマでもよく知られているが、一般的に日本人が抱いている家康のイメージは〝狸爺《たぬきじじい》〟であろう。当時も、こういう落首《らくしゅ》があった。

織田がつき、秀吉丸めし天下餅《てんかもち》、ペロリと食うは狸家康

戦国時代を終結に向かわせた信長、それを完成させた秀吉、それをそっくり受け継いだ家康、という構図である。では、実際の家康はいかなる人物であったか。

家康は源氏と称した。彼が征夷大将軍になり、江戸幕府を開いたのは関ヶ原の三年後、慶長八年（一六〇三）のことだが、そのとき、家康は源氏の氏《うじ》の長者《ちょうじゃ》となった。

信長は、元来は藤原氏であるが、自らは平家の出身と称していた。征夷大将軍は源氏の系統からしか出ないので、信長は将軍にならなかったのである。信長にしてみれば、自分が潰した足利《あしかが》幕府の足利氏というのは紛れもない源氏だから、自分は平家でならなければならなかった。

当時は源平交替思想があったのである。平家を滅ぼした源氏のあとの北条氏《ほうじょう》は平家で、そのあとの幕府を継いだのが源氏の嫡流《ちゃくりゅう》の足利氏である。次に覇権《はけん》をとるのは平家だという考え方があった。

ところが、秀吉はそんな高貴な生まれでないことは誰もが知っているから、結局、それまでの習慣によらず、源平藤橘《げんぺいとうきつ》（源氏・平氏・藤原氏・橘氏《たちばな》）ならざる豊臣《とよとみ》家というのをつくり、将軍を飛び越して関白太政大臣《かんぱくだじょうだいじん》になってしまった。

秀吉は天正《てんしょう》十年（一五八二）頃までは平《たいらの》秀吉と言っていた。信長の後継者ということであったろう。しかし関白になると平氏では都合が悪いので、公家《くげ》の近衛《このえ》家当主、前久《さきひさ》の養子となって一時、藤原秀吉となったが、そこは秀吉で、新たな姓を創始しようと思った。そこで当時の学者たちを招いて古典や系図を研究してもらい、「源氏も平家も藤原も橘も、みなその先祖は自分の力でその姓を朝廷から賜《たまわ》った。これが常道であろう」という結論を自分で出した。そして公家の菊亭晴季《きくていはるすえ》を通じてこの旨を申し上げた。このときの文書に、「姓を改めるという政令は、古今の恒典《こうてん》、時代の通規《つうき》である」（原文は漢文）と言っている。

それで天正十四年（一五八六）の重陽《ちょうよう》の佳節《かせつ》（九月九日）に、「藤原を改め豊臣の姓を賜る」ということになった（天正十三年の朝鮮からの国書にはまだ平秀吉とあり、文禄《ぶんろく》三年〈一五九四〉の明《みん》からの冊封書《さくほうしょ》にもまだ平秀吉とある）。

一方、家康の家系は、元来は加茂《かも》氏であり、秀吉が豊臣を名乗る頃までは藤原家康と称していたのである。家康が従五位下三河守《じゅごいげみかわのかみ》に任ぜられたときは、まだ藤原家康であった。その後、天下の権を握り、征夷大将軍になるため――この称号は源氏固有のものと考えられていた――源氏になる必要が生じ、三河の吉良《きら》家の系図を譲り受け、これに松平氏や徳川氏を結びつけて新田《にった》氏の子孫ということになった。新田氏の先祖は八幡太郎《はちまんたろう》義家《よしいえ》で、源氏の大棟梁《だいとうりょう》である。

かくして家康は、平家を名乗った信長・秀吉に交替する者として、源氏と称して将軍になり、鎌倉幕府、北条幕府、足利幕府に次いで新しい江戸幕府を開いたのであった（ちなみに、戦国武将の家では系図の売買や新規作成――つまりインチキ――は珍しくなかった）。

戦に生きた猛将・家康

家康がどういう人物か、語り出すときりがないが、非常に苦労した人であることはたしかだ。部下に裏切られたことも二、三度ある。とくに、石川数正《いしかわかずまさ》のような一番重要な家来も秀吉のもとに走ってしまった。秀吉には謀反者《むほんもの》が一人も出なかったことから、家康にはどこか問題があったように言われることもあり、ケチだったからだという幸田露伴《こうだろはん》（注1）のような見方もあるが、それはよくいえば非常にしまりやだったともいえる。

狸爺といわれた晩年の家康には狡《ずる》いというイメージがあるが、実際は非常に気性の激しい武人だったと思う。戦うべきときには躊躇《ちゅうちょ》なく戦う。たとえば、今川義元《いまがわよしもと》の下で桶狭間《おけはざま》の戦いに出たときには丸根《まるね》の砦《とりで》を落として大高城《おおだか》に兵糧《ひょうろう》を入れているし、義元が殺されたあとの態度も、若いにしては非常に慎重な行動をとっているから、若いときから武将として抜群の能力を持っていたことは間違いない。

また、律儀《りちぎ》な人でもあったと思われる。今川義元に元服《げんぷく》させてもらったというので今川家に対しては最後まで丁重だったようだし、織田信長という難しい人間と同盟を結んでからは、自分の利益ということもあったかもしれないが、約二十年間、同盟を破ったことがない。戦国時代に二十年間、ずっと同盟を結んでいたというのは珍しい。

信長と手を結んだ姉川《あねがわ》の戦いでも、最も奮戦したのは徳川勢だったと言われている。武田信玄《たけだしんげん》が上洛《じょうらく》するときの三方ヶ原《みかたはら》の戦いでは、武田勢の精兵《せいへい》に対して勝つ見込みがないのに突進し、猛烈な戦いをしたこともよく知られている。夏目吉信《なつめよしのぶ》という家来が、自分が身代わりになるからとむりやり馬に乗せて撤退させたくらい勇猛で、家来からみても無謀な突撃をするようなタイプの武将だった。

信長との連合軍として出陣した長篠《ながしの》の戦いでも駿遠三《すんえんさん》（駿河《するが》・遠江《とおとうみ》・三河の三国）をとり、信長が明智光秀《あけちみつひで》に殺されてからは甲州・信州をいずれも武力でとっている。光秀を討ち、信長の仇《かたき》をとった秀吉が、続いて賤ヶ岳《しずたけ》の戦いで柴田勝家《しばたかついえ》を倒したあと、信長の次男・信雄《のぶかつ》を攻撃すると、家康は「義によって戦う」と、小牧《こまき》・長久手《ながくて》の戦いで信雄を助け、小牧山で秀吉と戦っている。家康と秀吉の決戦というわけではないにしろ、支隊とはいえ秀吉の軍隊をこのとき、完膚《かんぷ》なきまでに打ち負かした。さらに小田原《おだわら》の役《えき》では秀吉について北条氏政《うじまさ》・氏直《うじなお》父子を降《くだ》し、関ヶ原で石田三成《いしだみつなり》率いる西軍を打ち破り、そして大坂の陣で大坂城を落として豊臣家を亡ぼしている。

桶狭間の時は十八歳、姉川の戦いの時は二十八歳、三方ヶ原の戦いは三十一歳、長篠の戦いは三十三歳、小牧・長久手の戦いは四十二歳、小田原の時は四十八歳、関ヶ原は五十八歳、大坂の陣の時には七十二歳だった。戦国時代の後半を戦《いくさ》に生き、戦い抜いた武将であった。

（注１）**幸田露伴**（一八六七〜一九四七）小説家・随筆家。江戸の下谷《したや》に生まれた。本名・成行《しげゆき》。蝸牛庵《かぎゅうあん》とも号した。男性的な文体と題材で、明治二十年代、女性描写を得意とした尾《お》崎紅葉《ざきこうよう》とともに「紅露《こうろ》時代」と並び称された。晩年は東洋哲学への深い造詣《ぞうけい》を示す考証、史伝、随筆を残す。代表作に小説『風流仏』『五重塔』『連環記』、史伝『運命』、注釈書『評釈芭蕉七部集』などがある。

秀吉と家康の駆け引き

ところが、秀吉と相まみえてからの家康は、勇猛な武将というよりはむしろ老獪《ろうかい》さが目立つようになった。

小牧・長久手の戦いで、家康はたしかに池田恒興《いけだつねおき》や森長可《もりながよし》の軍隊を撃破したが、秀吉は睨《にら》みあっているうちにサーッと軍を引いてしまう。家康は戦場の人だから、その意味がわかった。家康には追ってくる力がないことを秀吉は知っている。

近畿の情勢を睨んで、秀吉は大坂に戻った。その後も秀吉は美濃《みの》や尾張《おわり》に出て砦を築き、家康と対陣するが、また大坂に戻る。家康は追撃できない。こんなことをしているうちに、家康が担《かつ》いで大義名分としていた織田信雄が秀吉と和睦《わぼく》してしまう。

その間にも秀吉は京都で朝廷のために仙洞《せんとう》（上皇）御所を造営し、廃《すた》れていた朝廷の儀式も復活させて内大臣になる。その母は大政所《おおまんどころ》、妻は北政所《きたのまんどころ》となった。秀吉は次いで自分の背後を脅《おびや》かす紀伊《きい》・熊野《くまの》などを攻略して関白となり、四国を平定し、北国《ほっこく》では家康と気脈を通じていた佐々成政《さっさなりまさ》を降伏させる。また、伊勢神宮の遷宮《せんぐう》も古式に戻した。家康の側からは、石川数正、小笠原貞慶《おがさわらさだよし》、水野忠重《みずのただしげ》という重臣たちが秀吉の許《もと》に奔《はし》った。

小牧・長久手の戦いから二年足らずの間にこれだけの変化が秀吉にあり、家康との差は巨大になった。さすがの家康も、天正十四年（一五八六）の一月二十一日に秀吉と講和することになる。小牧・長久手の戦いから約一年九カ月後のことである。

秀吉は早く天下を統一したかった。当時の人は短命だから、命のあるうちに統一するためには家康という難敵を早く丸めこまねばならなかった。ところが、家康にはつけいる隙《すき》がない。そこで秀吉は、自分の妹の朝日姫《あさひ》を嫁にもらってくれと言い出した。

秀吉にしてみれば、家康がこれを断れば恥をかかせたと戦を起こす口実になる。家康は仕方なく、朝日姫をもらうことにした。それでも家康は臣従《しんじゅう》しようとしない。秀吉はしきりに上京を促《うなが》すが、殺される恐れがあるから家康はそれを拒み続けた。そこで秀吉は、母親が娘の嫁ぎ先を見たがっているという理由で、生母の大政所を家康の居城である岡崎城に遣《つか》わした。体《てい》のいい人質である。天下の秀吉が母親を人質に差し出したというのに、それでも上京しなければ家康が悪いということになってしまう。それも秀吉の一つの手であったが、もう一つ、自分の妹を与えたことによって、家康は秀吉の弟分になる。これが大きかった。

やくざの関係に譬《たと》えるとわかりやすいだろう。信長と家康は兄弟分であった。秀吉は信長の家来であったから、本来、家康は秀吉にとって叔父貴《おじき》分ということになっていた。当時の人にとって、叔父貴分と戦うのはうしろめたいことだった。ところが、妹を嫁にやったことによって秀吉は家康の兄貴分になった。関係が逆転したわけである。

さすがに家康もそれがわかっているから、やむなく秀吉に謁見《えっけん》し、諸大名の前でハハーッとひれ伏してみせた。ずっと秀吉を観察していた家康は、秀吉がそんなときに暗殺しようとする人間でないことをおそらく見抜いていただろう。しかし、小牧・長久手の戦いで勝ったと思っている徳川家の武士にとって、これはかなり悔しかったと見えて、前日の晩に秀吉が臣下の礼をとるよう頼みに来たなどという作り話をしている。

家康の優れた点は、秀吉の能力を正確に見抜く力があったことだ。もうじたばたしても始まらないとなったら家康は潔《いさぎよ》い。秀吉は、小牧・長久手の戦いで家康が担いだ織田信雄に百万石くらいを与えて自分の味方につけているから、もう家康はあらゆる意味で戦う口実をなくしている。

そういう秀吉のやり方は自分を上回るものだ、ということが家康にはわかる。いったんそれを認めると、今度は徹底的に秀吉に礼を尽くすようになった。小田原攻めの時は、自分の先祖伝来といってもいい岡崎城を自由にお使い下さいと申し出ている。

すると、小田原を滅ぼした秀吉は、家康に小田原北条家の関八州《かんはっしゅう》を与えると言い出した。これは、名目上は大幅な加増であったが、実は家康にしてみれば自分が実力で信長死後に取った甲州や信州のみならず、先祖伝来の地を含む駿河・遠江・三河が秀吉のものになるということである。いまなら関東地方は土地の値段も全国一で、政治的・経済的に日本の中心部と言ってもいいが、当時は箱根の山の向こうといえば狸と狐の棲処《すみか》くらいにしか思われていない辺境の地だった。しかも、常陸《ひたち》には佐竹氏もいる。関八州そっくりというわけではなく、家康が手にしたのは関四・五州くらいだったという人もいる。

これでは家来たちも納得しない。しかし結局、家康は秀吉の命令を受け入れ、家来たちを宥《なだ》めたのだが、そのとき家来たちは家康を意気地《いくじ》なしの大将とは言わなかった。なぜなら家康は、信玄の大軍との三方ヶ原の戦いのときのように、家来たちの反対を押し切って危険な場所に突っ込んでいくような勇猛な大将だったからである。その家康が、ここは我慢して秀吉の言うことを聞こうと言うのだから、家来たちも我慢せざるを得ない。ここに家康の武将としての輝きがある。

スケールは違うが、私は山口組三代目組長・田岡一雄《たおかかずお》という人を思い出す。彼は、もともと関西の小さな暴力団にすぎなかった山口組を巨大な組織に作り上げた人である。かつてその山口組の親分だった山口登《やまぐちのぼる》という人を、その有力な弟分が軽んじているのを見た若き田岡氏は、一人で乗り込んでいって斬り殺してしまった。

やくざには命知らずのようなイメージがあるが、それは暴力に無抵抗な一般人に対してのことであって、お互い命のやり取りをすることもあるやくざ同士の間では臆病であるらしい。山口組と一和会《いちわかい》が争った時は、大阪の飲食街からやくざの姿が消えたという。お互いに怖いから街に出てこなかったのだ。そういう世界にあって、ただ一人で敵地に乗り込んで敵の頭《かしら》を斬り殺して出てくるというのは途轍《とてつ》もない勇気である。田岡氏はもちろん投獄されるが、やくざ同士の争いでのことだから間もなく出所した。それ以後、田岡氏はやくざ同士の喧嘩《けんか》の調停役になった。田岡親分を臆病という人間は誰もいないから、どんな喧嘩の調停に出ても話がまとまるのである。

家康も、秀吉に膝を屈して関八州に退いてからはただ律儀な老将という役割を演じていたが、彼を臆病だと思う者は一人もなかった。そこが家康の凄さだと私は思う。

運が味方した関ヶ原の戦い

関ヶ原の戦いには辛《かろ》うじて勝ったとも言えるが、それまで秀吉に手堅く仕《つか》えて他の大名の面倒を見ていたのが勝因の一つでもあっただろう。

西軍を率いた石田三成は、秀吉の朝鮮征伐（文禄《ぶんろく》の役）の際には船奉行《ふなぶぎょう》として日本軍を朝鮮に渡航させる任にあたり、のちに増田長盛《ましたながもり》、大谷吉継《おおたによしつぐ》とともに、朝鮮に出ている軍勢の督励《とくれい》のための奉行として渡った。元来は戦うために出かけたのではなかったが、追撃してくる明の大軍との碧蹄館《へきていかん》の戦いには、その南の礪石嶺《れいせきれい》の峠から黒田長政《くろだながまさ》、宇喜多秀家《うきたひでいえ》勢などとともに打って出て、小早川隆景《こばやかわたかかげ》の大勝利に貢献もしている。

慶長の役では、秀吉死後の引き揚げ業務を遂行した。しかし内地にいた三成は、難戦を経験した武将たちからは楽をしていたように思われ、両者の間に感情の対立が生まれた。そのうえ、対明講和の話の時に小西行長《こにしゆきなが》の意見に従い、加藤清正《かとうきよまさ》を講和妨害者と報告したため、清正は講和を望む秀吉の怒りに触れた。

清正は〝告げ口〟した三成を骨の髄《ずい》まで憎み、「八幡大菩薩、治部《じぶ》（石田）とは一生中直りは仕《つかまつ》るまじく候」と言っている。古川柳に「八幡は堪忍《かんにん》ならぬ時の神」とあるように、八幡様は徹底した憎悪を示す時に口にする言葉であった。

このような具合で、石田三成と、前線で戦った加藤清正や福島正則《ふくしままさのり》との間に激しい確《かく》執《しつ》があった。秀吉の正妻であるねねは、秀吉が足軽頭《あしがるがしら》くらいの頃から自分が台所で飯を食べさせていた清正や福島正則がかわいかっただろうし、家康は秀吉の死後、未亡人となったねね（高台院《こうだいいん》）を丁重に扱っていたから、「事があれば家康殿につきなさい」と彼らに言っていたらしい。

一方、秀吉が長浜《ながはま》の地をもらって大名になってから家来になった石田三成のような官僚的な武将は、みな淀君《よどぎみ》についている。本妻ねねにしてみれば、秀吉の子供（秀頼《ひでより》）を産んでくれたとはいえ、あまりいい気はしないだろう。それを担いでいる三成たちよりは、小僧のような頃から世話をし、飯を食べさせてやった連中を贔屓《ひいき》する気持ちがあって、家康に味方するようアドバイスしたというのはあり得る話だと思う。関ヶ原の戦いの時も、福島正則は家康のために一番働いている。

明治時代初期、日本陸軍近代化の基礎を築いたドイツの参謀将校メッケルが関ヶ原の戦いの地図を見せられて、「どっちが勝ったと思いますか」と訊かれ、それは石田方だと答えたという。ところがご存知のように、石田方には金吾中納言《きんごちゅうなごん》(小早川秀秋《ひであき》)の裏切りがあった。さらに大坂城に入っていた西軍の総大将、毛利輝元《もうりてるもと》が出陣しなかった。もし輝元が戦場に出ていれば、石田方が勝っていただろう。しかも家康方の主力の秀忠《ひでただ》軍は中山道《なかせんどう》を関ヶ原に向かう途中、上田城で迎え撃った真田昌幸《さなだまさゆき》にかかずらって間に合わなかった。だから天下分け目の戦いは、勝つべくして勝ったというよりも、運が味方して勝ったというべきだった。

しかし、この関ヶ原の戦いは決定的だった。関ヶ原での勝敗が決まっても、まだまだ争いは続くだろうと戦国時代をずっと見てきた人たちは思っていた。一つの戦場の結果で天下の大勢すべてが決まったことなど、それまでにはなかった。ところが、本当に決まってしまったのである。混乱に乗じて自分の勢力を伸ばそうと火事場泥棒的に九州で決起した黒田如水《じょすい》や、奥州《おうしゅう》で動いた伊達政宗《だてまさむね》のような武将も諦めざるを得なかった。

“狸爺”に変貌

関ヶ原で勝ってからの家康は、後世の人から狸爺と呼ばれ、明治以降の講談でも悪役に回ることが多かった。これは、秀吉から後見を頼まれた秀頼を大坂城で亡ぼしたことが大きな理由だろう。だが家康にしてみれば、この点は十分弁解の余地があると思う。家康は初めから豊臣家を潰そうとはせず、摂津《せっつ》、河内《かわち》、和泉《いずみ》のなかから約六十六万石を与えて、徳川のいわば外様《とざま》大名格にして残そうとした。信長のあとを継いだ秀吉は、信長の息子を自分の家来にしているのだから筋の通った処置である。

家康は慎重な武将である。関ヶ原の戦いの勝利も、福島、黒田、加藤、細川、藤堂など、いわゆる「豊臣恩顧《おんこ》の大名」たちの奮戦で勝ったことを知っている。その武将たちの豊臣家への感情を十分に配慮した。関ヶ原の戦いは、何と言っても石田三成が「秀頼公のため」と言っていた戦いだから、西軍（石田方）の敗戦後に家康が豊臣家をいかに扱うかについては、豊臣恩顧の大名たちは大いに心配した。

しかし家康は、「石田三成らが秀頼の名を奉じて利用したにせよ、秀頼はまだ子供だから問題なし」とした。それでも彼らは家康の好意を得るために、豊臣家の執事《しつじ》役のような浅野長政《あさのながまさ》を通じて「秀頼公を他に移して、家康公が大坂城に入って政治を行ってほしい」と提案した。これに対して家康は、「自分は秀頼公の後見人役だけでよい。孫娘の千姫《せんひめ》は、秀吉公ご存命の時のご希望どおり、秀頼公と結婚させる」と答えたので、豊臣恩顧の大名たちは安心するとともに感激の涙を流して、「秀吉公に仕えたように家康公に仕える」と言上《ごんじょう》したのである。

さらに家康は戦国武将として、同じ戦国武将の本音を知っていた。それは「より大きい領土が欲しい」ということである。だから豊臣家の武将、つまり外様の大名たちに思い切った領土を与えたのである。前田利長《まえだとしなが》に約百二十万石、小早川秀秋に七十二万石、福島正則に約五十万石、池田輝政《いけだてるまさ》に五十二万石、黒田長政に五十二万五千石、加藤清正に五十一万五千石、浅野幸長《よしなが》に約四十万石、細川忠興《ほそかわただおき》に三十七万石、山内一豊《やまうちかつとよ》に約二十万石、藤堂高虎《とうどうたかとら》に二十万石、鍋島勝茂《なべしまかつしげ》に約三十万石といった調子である。

これで、豊臣恩顧の大名は徳川恩顧の大名になってしまった。とくに細川家の領地は、信長の頃から秀吉が死ぬまで丹後《たんご》で変わらなかったのである。

ところが、気位《きぐらい》の高い淀君は家康のやったことに満足しなかった。豊臣家は依然として公家や宗教界に権威があり、公家に対する支配力を捨てようとはしなかった。財力もあり、何しろ大仏を建てる力があったほどである。これは家康にとっては不安だっただろう。どうしても大坂を潰し、禍根《かこん》を断たなければいけないと家康は考えた。

そこで、方広寺《ほうこうじ》大仏殿が完成して開眼供養《かいげんくよう》が間近に迫ったところで文句をつけた。方広寺の鐘の銘に「国家安康《こっかあんこう》」とあるが「家康」の名を分断するのはけしからん、そもそもこういうところに天下人の名を使うべきではないというのである。たしかにシナでは、皇帝の名前に入っている漢字は絶対使わないことになっている。しかもそのあとの「君臣豊楽子孫殷昌《くんしんほうらくしそんいんしょう》」の文字は、豊臣家の子孫が繁栄するという意味だと難癖《なんくせ》をつけた。この鐘銘文《しょうめいぶん》を書いたのは文英清韓《ぶんえいせいかん》という僧侶だったが、これを南禅寺《なんぜんじ》の金地院崇伝《こんちいんすうでん》や儒学者の林羅山《はやしらざん》に読ませ、そういう文句をつけさせたのである。それが家康の嫌われるもとになった。たしかに、こういう理屈にもならない理屈をつけて戦を仕掛けるというのは、それまでの家康にはなかったことだ。

これは、関ヶ原の戦い（慶長五年＝一六〇〇年）のあとの豊臣家に対する穏やかな態度とは打って変わった厳しい文句のつけようである。その理由は、関ヶ原の頃はまだ豊臣恩顧の大名の気持ちに配慮しなければならなかったからだ。

しかし、その対応策は十分に成功した。誰が見ても家康の天下になっていた。関ヶ原の三年後の慶長八年、家康は将軍になった。正式に言えば「征夷大将軍・氏長者《うじのちょうじゃ》、淳和《じゅんな》・奨学両院別当《しょうがくりょういんべっとう》、牛車兵仗《ぎっしゃへいじょう》、従一位右大臣《じゅいちいうだいじん》」になった。将軍になったということは源氏であるという宣言である。

家康の長寿が歴史をつくった

前に述べたように、家康は新田の系図を買っていた。だからその頃の宮廷の女官は、家康のことを「新田殿」と言っていた。新田も足利も八幡太郎源義家の子孫である。足利幕府のあとに秀吉という一代公卿《くぎょう》が支配したが、そのあとに新田幕府、つまり徳川幕府ができた。そして秀吉のようには京・大坂のあたりに本拠を置かず、源頼朝《みなもとのよりとも》の幕府の例に従って権力の中心を関東に――この場合、江戸に――移したのである。

家康が、鎌倉幕府の事蹟を源三位頼政《げんざんみよりまさ》の挙兵からその中期に至るまでの記録を記した『吾妻鏡《あずまかがみ》（東鑑）』を座右に置いて参考にしたことはよく知られている。関東が源氏の本拠で、京・大坂はその出先という発想をそこから学んだのだ。

そして将軍になった五カ月後に、孫の千姫（七歳）と秀頼（十一歳）を結婚させる。さらに二年後の慶長十年には、将軍職を秀忠に譲った。そしてその翌年には、諸大名を江戸に留めるようにする。その後、数年の間に、加藤清正、浅野長政、池田輝政、浅野幸長など、主立った豊臣恩顧の大名たちがポツリポツリと死んでゆく。

家康は健康には特別留意し、自分で薬を調合した人でもある。関ヶ原から十四年も経った頃になると、もう徳川幕府に反抗できるような大名は一人もいない。しかし、自分は年をとるばかりなのに秀頼は成長してゆく。徳川家の将来を考えると、将来の禍根になる可能性のある豊臣家は自分の目の黒いうちに潰しておかねばならぬ、ということになったのだろう。

落武者《おちむしゃ》探しも、いい加減だった関ヶ原のときとは打って変わって、大坂城を落としたあとは執拗《しつよう》に行った。薩摩、屋久島《やくしま》、種子島《たねがしま》まで探し、さらに全国の四百四十の城を破壊したという。晩年に及んで、何が何でも徳川家を残そうと家康は考えたのである。大仏の銘というのは言いがかりで、実はその二年前から豊臣家討伐の準備をして、オランダ、イギリスから武器弾薬を買っていたという証拠もある。だから、秀頼を潰すつもりで言いがかりをつけたという俗説は正しいと言えるだろう。

こうした慎重な準備にもかかわらず、大坂の陣は結果的には勝ったものの、大坂方がもっとまともに戦っていたらどうなったかわからない危ない戦いであった。

城というのはそう簡単に落ちるものではない。近代でも、日露戦争におけるロシアの旅順要塞《りよじゆんようさい》もなかなか落ちなかったし、クリミア戦争の時、英・仏・トルコ連合軍が攻めたロシアのセヴァストポリ要塞も、十一カ月も落ちなかった。

武田信玄も上杉謙信《うえすぎけんしん》も、小田原城を何度も攻めたが失敗した。信長もそれを知っていたから、謙信を迎え撃つために安土《あづち》城を作った。謙信が死んでしまったから結果的に城を使う必要はなくなったが、安土城をつくっておけばさすがの謙信もそう簡単には落とせるわけがなく、そのうち越後《えちご》は雪深くなるから帰らざるを得なくなると考えたのだ。それくらい、城を力ずくで落とすのは難しい。

いわんや、大坂城は秀吉が知恵と財力を惜しみなく注いでつくった天下の名城である。冬の陣では城を落とすどころか、家康軍は酷い目に遭った。真田幸村《ゆきむら》が築いた出城《でじろ》、真田丸では幕府側は二万人が戦死したという誇張された噂が京都まで届いた。そのままぐずぐず一年も戦いが続いたら、いまは家康に味方しているものの、元来は秀吉にとりたてられた大勢の大名たちが脱落してしまうかもしれない。そこで急いで和平条約にもっていった。

豊臣家は女が国を滅ぼしたいい例である。平治《へいじ》の乱（一一五九年）で撃ち果たした源義朝《よしとも》の子、頼朝を平清盛《たいらのきよもり》が殺そうとしたのを、清盛の継母の池禅尼《いけのぜんに》が説得して助命したばかりに平家は滅びた。そういう例があるから、戦国時代は女に口を出させなかった。

それが忘れられたのは、秀吉が征夷大将軍にならず関白になったことによって、豊臣家が武家というより宮廷風になったからである。宮廷というのは、平安時代を見ればわかるように女性の発言権が強いから、結局、淀君のような女に牛耳《ぎゅうじ》られ、たとえば真田幸村や後藤又兵衛《ごとうまたべえ》（基次《もとつぐ》）のような人の戦略が用いられなかった。

これは仮定の話だが、少なくとも家康の軍を何度も破ったことがあるのは真田家だけだったから、戦争もしたことのない大野治長《おおのはるなが》のような人間を軍の総司令官などにはせず、総大将は秀頼としても、武勇の誉《ほま》れ高い真田幸村を総参謀長クラスにして戦っていたらどうだったろう。大坂城は一年や二年は平気でもつ城だから、冬の陣からずっと戦いが続いて、勝敗はどちらに転ぶかわからなかったであろう。しかし、ここでも家康の運が物を言うのである。

とくに家康の場合は、長寿と強運が分かち難い。もし五十五歳（当時としては十分高齢）で亡くなっておれば関ヶ原の戦いはなかったし、古稀《こき》（七十歳）の齢に亡くなっていても豊臣家は無事だったであろう。徳川時代は、家康の長寿に基礎があったとも言える。

家康は大坂夏の陣の翌年に、徳川家の将来に安心して瞑目《めいもく》した。彼の辞世をあげてみよう。

嬉しやと　二度《ふたたび》さめて一眠《ひとねむ》り
　うき世の夢は暁《あかつき》の空

参考のため、最後の徳川将軍・慶喜《よしのぶ》の辞世をあげてみる。

この世をば　しばしの夢と聞きたれど
　思へば長き月日なりけり

ついでに家康の前の支配者、秀吉の辞世をあげてみよう。

露《つゆ》と落ち　露と消えにしわが身かな
　浪速《なには》のことも夢のまた夢

武力で天下を支配した人たちが、死ぬ時は自分の人生を「夢」と観じているのは面白い共通点である。

長子相続制への一大転換

大坂城が落ちたのは元和《げんな》元年（一六一五）。「元和偃武《えんぶ》」といわれる。「偃武」というのは「武」をおく、戦いをやめるという意味である。大坂城落城を最後に国内での大きな戦乱がなくなり、世が太平になったことを指す。こうして天下は徳川家の下に統一された。

この「元和偃武」を古川柳は、

天然《てんねん》の道理　武蔵《むさし》に武《ぶ》を蔵《おさ》め

と言って江戸幕府、つまり武蔵国の幕府によって武が匿《かく》されたことを称《たた》えている。「偃」には「蔵」とか「匿」の意味があるからである。

将軍職は、すでに慶長十年（一六〇五）から二代目・秀忠が務めている。秀忠の奥方は淀君の妹、お江《ごう》の方である。男子が二人生まれたが、お江の方は長男の家光《いえみつ》をさしおいて二男・忠長《ただなが》を無闇《むやみ》にかわいがった。それにつられて、将軍・秀忠も二男をかわいがる。だから周囲も、次の将軍は忠長ではあるまいかと考えるようになった。これは不思議なことではない。戦国時代は必ずしも長子相続ではなく、有能な者が後を継ぐのが当たり前だった。戦国の世では、有能な跡継ぎをたてないと家も家臣団も生き残れないからだ。

親を尊敬した時代ではあっても、極端な例でいえば、武田信玄はそれほど愚かというわけでもなく、戦国時代に甲斐《かい》一国をよく保っていた父親・信虎《のぶとら》を放逐《ほうちく》して国を奪ってしまう。こんな親不幸な人間はないのだが、それでも武将たちはみな信玄のいうことを聞く。なぜかといえば、若いときから信玄が抜群の戦上手であることが、いつも戦場で命を賭けている人間たちにはよくわかっていたからだ。長男であっても「これは戦争には向かないな」ということになると、家臣団が勧めて仏門に入らせたりする。それを拒んだりしたら、こっそり一服もって丁重に葬ってしまう。とにかく有能な人間を担がないと戦国時代は生き残れないのだから、兄だ弟だなどと言ってはいられないのである。

秀忠自身、長男ではなかった。家康の長男・信康《のぶやす》は非常に優秀な武将だったらしいが、信長の疑惑を買ってしまった。信長の疑惑を買うようでは徳川家の存続は覚束《おぼつか》ないから、家康は信康を切腹させてしまった。そしてサバイバルに一番適した三男の秀忠をたてたわけである。だからこの頃までは、長男が必ずしも家督《かとく》を継ぐわけではないという気風があった。

秀忠の二男・忠長が寵愛《ちようあい》されるのを見て不安に思ったのが、長男・家光の乳母《うば》である春日局《かすがのつぼね》だった。彼女は伊勢参りか何かを口実に駿府《すんぷ》の城に出かけ、江戸城における二男お世継ぎの動きを家康の耳に入れた。そこで家康が決断したのは、戦国時代のやりかたを一八〇度変えるということだった。

家康は戦国時代の後半七十年を生き抜き、その大部分を戦場で過ごした。だから実力主義が骨の髄まで沁《し》み込んでいた人だ。しかし、そのうち家康は「馬上天下を取るも、馬上天下を治むるべからず」と悟ったのだ。そして、能力主義から長子相続制度に変えたのである。

家康は、久しぶりで武蔵野で狩りがしたいと言い出した。彼は狩猟が好きだったから不自然ではない。そして駿府から江戸城へ出かけて行ってその滞在中、常に長男と二男を差別した。長男は将来の跡取りとして、二男はその家来になるべき者であることが誰にもわかるように扱った。それを見ていた将軍家も家来たちも、これで決まったなと思った。こうして家光が三代将軍になった。

だから家光は、自分の地位を万全なものにしてくれた春日局を母以上に尊重し、大切にした。そのために、大奥《おおおく》は完全に春日局の下に入るということにもなった。

弟の忠長は駿府の藩主となり、駿河大納言と言われていたが、子供の頃は兄よりかわいがられた記憶があるものだから常に不満で、結局、不行跡《ふぎょうせき》を理由に甲斐国に蟄居逼塞《ちっきょひっそく》を命じられ、翌年、上野国《こうづけのくに》高崎城に預けられたが、その年の暮れに自害して果てた。

お家騒動の消滅

能力主義のなかで生き抜いた家康が、天下が平穏《へいおん》になったらもう実力主義は必要ないと考え、長子相続主義に切り替えたことは、後々まで大変な影響を及ぼした。

たとえば八代将軍・吉宗《よしむね》の長男の家重《いえしげ》は言語が不自由で、痴呆《ちほう》だったという説もあるくらい、一般人より劣っていた。二男の宗武《むねたけ》はのちの田安《たやす》宗武だから、馬も弓も上手だった。それだけでなく、漢学もできるし国学もできる。明治末から昭和にかけての歌人・国語学者である土岐善麿《とき ぜんまろ》は、宗武の国学の研究で学士院賞を与えられ、文学博士になったくらいだ。

吉宗は悩んだと思う。誰が見ても一人前でない長男の家重を将軍にするか、誰が見ても自分を超えるくらい文武にすぐれた二男の宗武にするか。しかし結局、家康が決めたとおりにしなければいけないと考えた。もしも将軍家が能力で二男を将軍にするようなことがあれば、日本六十余州、大名・小名、旗本・御家人・庄屋・豪農、どこの家でも家督相続をめぐってお家騒動が起こるかもしれない。だから、二男には田安家をたてて別家とした。そのやり方は幕末まで続くことになる。

武家でも百姓でも同様だった。例外は商家《しょうか》だけである。商人の家では無能な人間が主人になったら店が潰れてしまうから、商売に向かない長男は遊ばせて若隠居させ、能力のある弟に後を継がせたり、よそから婿養子《むこ》をとったり、有能な番頭を娘の婿にしたりして代々、店が続くようにした。こういう商人の家を例外として、相続法を変えたのは家康の大きな改革だったと思う。

徳川幕府が長期安定政権を作ったのは、家督相続から「能力」を排除したからである。家督相続に「能力」の要素が入り込んだのが、戦国時代の下剋上《げこくじょう》の本質だったことを家康は悟ったのだ。下の者が上の者を「無能」という理由では排除できないとなれば、家督相続の争いはぐんと減る。徳川時代の大名家は他の大名から武力で攻められることはないのだから、「内紛」さえなければ安泰なのである。

かくして徳川時代は、おとなしくしておれば「潰れっこない行政」の時代になった。ペリー来航などの「外憂《がいゆう》」が生じなければ、徳川幕府はあと何百年も続き得た体制になったのである。

家康は非常に闘争心が強く、戦のとき最初は「進め、進め」と采配《さいはい》を振るい、そのうち拳骨《げんこつ》で馬の鞍《くら》を叩き始める。そのため、戦が終わると必ず拳骨が血だらけになって、晩年はタコができて指が一本曲がらなくなっていたほど気性の激しい人だった。

狸爺になるのは秀吉に臣下の礼をとってからだ。後世、憎まれても仕方ないようになったのは豊臣家を亡ぼしたときのやり方のせいだった。逆にいえば、それだけ気性の激しい人が、秀吉の下でよく忍耐したともいえる。まして、実力主義から長子相続に切り替えるという一大転換を成し得たあたりは並の武将ではない。ただならぬ人であった。

第2章

「武」の時代から「文」の時代へ

家康にとっての儒学

徳川時代の大きな特徴は、「文」が起こったことである。戦国時代が「武」の時代だったとすれば、徳川時代は「文」の時代だった。

家康は少年の頃、今川家に預けられた。今川家というのは足利《あしかが》幕府の名門で、今川義元《いまがわよしもと》も「文」の要素が強く、臨済宗《りんざいしゅう》の僧侶、太原雪斎《たいげんせっさい》が義元の教育係を務めていた。家康はその「文」の匂いを嗅《か》いで育った。

家康が本格的な勉強を始めたのは、秀吉晩年の朝鮮出兵の頃からである。秀吉が朝鮮に兵を送ったことによって、出陣した武将たちは非常に困窮した。推察するに、頭のいい家康は、武将たちは朝鮮出兵を恨むようになるから、もしかしたら天下は後々《のちのち》自分に転がり込んでくるのではないかと思ったのかもしれない。

はっきりした記録によると、文禄《ぶんろく》二年（一五九三年）、家康が五十歳のとき、藤原惺窩《ふじわらせいか》を呼んで『貞観政要《じょうがんせいよう》』を講義させている。『貞観政要』というのは、唐の太宗《たいそう》が魏徴《ぎちょう》、房《ぼう》玄齢《げんれい》らの群臣と交わした政治上の議論を、「君道《くんどう》」「政体《せいたい》」「任賢《にんけん》」「求諫《きゅうかん》」などの四十編に分類・編集したもので、国家や組織のトップにしか必要のないような教訓が書かれた王者の道を教える本である。唐の第四代皇帝・中宗《ちゅうそう》のときに上呈されたものと、第六代・玄宗《げんそう》のときに改編したものとの二種類があり、日本には遅くとも平安時代までに伝わって、清和《せいわ》天皇が即位したとき「貞観」という年号（八五九〜八七七）が選ばれたくらい、皇室でも尊重された。

鎌倉時代にも北条《ほうじょう》幕府の実権を握っていた北条政子《まさこ》が、自分では読めないから公家《くげ》の菅原為長《すがわらのためなが》に和訳させた。北条氏の教えは『貞観政要』によるところが大きく、北条氏初期の執権《しっけん》に優れた人物が輩出したのは、政子を通じてその教えが浸透していたからではあるまいか。

ところが、戦国時代になると武将たちに読んでいる暇がなくなったからか、信長は読んでいないようだし、秀吉も読んでいない。家康が唯《ただ》一人、これを読んだ。それだけではない。家康は儒学から仏教まで十年間、ひたすら勉強した。そして、論語の「為政第二」にある「政《まつりごと》を為《な》すに徳を以《もっ》てすれば、譬《たと》えば北辰《ほくしん》の其の所に居て而《しこう》して衆星《しゅうせい》の之《これ》に共《むか》うが如《ごと》し」、つまり「徳があればほかの者はみな従う」といった記述に感心している。

儒教のほうは朱《しゅ》子学が主だったようだが、一般に儒学者は漢詩や文章を作ることにも力を入れるから、家康以前の学問のある武将、たとえば信玄《しんげん》や謙信《けんしん》、毛利元就《もうりもとなり》、北条氏《うじ》康《やす》には、どちらかといえば文雅《ぶんが》の風がある。謙信には「霜《しも》は軍営《ぐんえい》に満ちて秋氣清《しゅうききよ》し」という有名な詩「九月十三夜《くがつじゅうさんや》」があるし、信玄も「淑気未《しゅくきいま》だ融《ゆう》せず春尚遅《はるなおおそ》し」(「新正口号《しんせいこうごう》」)というような詩を残している。ところが、家康が他の武将と違う点は、その趣味がなかったことだ。家康は、いかに政治を行うかという視点でのみ儒学を学んだ。家康には国を治《おさ》めるほうに関心があって漢詩の方面には興味がなく、理屈好きだった。徳富蘇峰《とくとみそほう》(注1)によれば、家康の朱子学が水戸学に繋がり、徳川幕府を終わらせる一つの動機になったという。歴史のパラドックスと言えるだろう。

(注1)**徳富蘇峰**(一八六三〜一九五七) ジャーナリスト・歴史家・評論家・政治家。熊本県生まれ。本名・猪一郎《いいちろう》。明治二十年(一八八七)に民友社《みんゆうしゃ》を結成し、雑誌『国民之友』を主宰。同二十三年、『國民新聞』を創刊。明治・大正・昭和におけるオピニオン・リーダーとして名を馳《は》せた。同四十四年(一九一一)に貴族院勅選《ちょくせん》議員、昭和十七年(一九四二)、大日本言論報国会会長。大正七年(一九一八)から執筆を始めた代表作『近世日本国民史』は織田信長の時代から西南戦争までを記述した全百巻の膨大な歴史書で、昭和二十七年(一九五二)になってようやく完結した。

仏教と神道の融合

慶長《けいちょう》九年（一六〇四）、清原《きよはらの》（舟橋《ふなはし》）秀賢《ひでかた》という儒学者が、「林羅山《はやしらざん》が若いくせに勝手に朱子学を講義したのはけしからん、経書を講義するには朝廷でも特別な許可がいるのだ」と訴えたところ、家康はとりあわず、羅山が朱子学を講じるのを許した。それだけでなく、羅山を手元に呼び寄せた。

林羅山という人は、文殊菩薩《もんじゅぼさつ》の再来かといわれたほど子供の頃から途轍《とてつ》もない秀才であった。二十一歳で論語を講義して、前述のように清原秀賢から文句をつけられたこともある。翌年、藤原惺窩の門に入り、慶長十年（一六〇五）、二十三歳のときに二条城で家康に面会した。家康のそばには三要元佶《さんようげんきつ》や西笑承兌《さいしょうじょうたい》、清原秀賢などの学識高い坊さんや学者が控えていた。そこで家康は、羅山に口頭試問を行った。

いま聞くと、つまらない問題ばかりのように思えるかもしれない。その第一問は、漢《かん》の光武帝《こうぶてい》は漢の高祖《こうそ》から数えて何代目の皇帝であるか。第二問は、反魂香《はんごんこう》の話は何に出てくるか。そして第三問は、屈原《くつげん》（注１）には「蘭《らん》」の話が出てくるが、何という種類の蘭か。この問題に、そこにいた当時の代表的な知識人である坊さんたちは誰も答えられなかった。

ところが羅山は記憶の化け物で、「光武帝は高祖の九代目であると後漢《ごかん》の本に出ています」「反魂香のことは正規の歴史には出ていませんが、『白氏文集《はくしもんじゆう》』の李夫人の楽府《がふ》に出ていますし、また蘇東坡《そとうば》の詩にも出ています。これは漢の武帝が香を焚いて亡くなった李夫人の魂を呼び戻したという話でございます」「屈原の蘭は朱文公《しゆぶんこう》（朱子）の注には沢蘭《たくらん》であると書いてあります」と、出典を挙げながらスラスラと答えた。

家康は大変に感心したという。家康が出した質問は、当時の儒者たちもばからしいと思ったし、現代人も非常にばからしく感じるだろうが、私はそうでもないと思う。家康は幕府を開くために、政治制度の先進国であったシナのことをいろいろ調べたかった。ところが現代と違って、百科事典やインターネットがあるわけではない。調べるのがなかなか大変だから、疑問にすぐ答えてくれる人材が必要だったのである。羅山は、それに見事に答えた。学問ひと筋、記憶力抜群、生きた百科事典だった。羅山は二十三歳の若さで抜擢《ばつてき》され、家康のブレーンとなった。家康が必要としていた学問がどういうものだったかを示すいい例であろう。

私は中学一年のとき、塩谷温《しおのやおん》先生の編集した漢文の教科書で林羅山を知った。そのなかに「除日《じょじつ》ニ講起ス」という一章があった。こういう話だ。菅得庵《かんとくあん》という儒者が除日(大晦《おおみそ》日《か》)に羅山を訪ねて、「先生、来年はぜひ朱子の通鑑綱目《つがんこうもく》を講義してください」と頼んだ。そうしたら羅山は、「何を言っている。来年といわず、いますぐにやろうじゃないか」と言って、大晦日からすぐ講義を始めた。

羅山にはこういう話もある。明暦《めいれき》三年(一六五七)、俗に振袖火事《ふりそでかじ》と呼ばれる明暦の大火で、神田鷹匠町《たかじょうまち》にあった羅山の家も燃えそうになった。このとき、羅山はもう七十四歳という高齢だったから、弟子たちは羅山を逃がそうと駕籠《かご》に押し込んだ。それまでずっと本を読んでいた羅山は駕籠のなかでも読み続け、上野忍ヶ岡《しのぶがおか》の別荘に避難させても泰然《たいぜん》として読み続けている。それからやおら「銅庫《どうこ》は焼けたか」と聞いた。幕府からもらった、銅で屋根を葺《ふ》いた書庫のことである。「焼けました」と弟子が答えると、ガックリきて五日目に死んだ。そういう人がずっと家康のそばについて、以後、四代の将軍に仕《つか》えて朱子学を講じ、代々江戸幕府の儒官《じゅかん》を務めた「林家《りんけ》」の祖となったのである。

家康はさらに神道も取り入れている。家康の信頼を得ていた僧侶は天海《てんかい》僧正と金地院《こんちいん》崇伝《すうでん》の二人だが、天海のほうがより重んじられていた。慈眼大師《じげんだいし》と呼ばれた天海は山王《さんのう》一実神道《いちじつしんとう》を唱えたが、これは天台宗《てんだいしゅう》的な神仏習合《しんぶつしゅうごう》といってもいいだろう。死んだ家康を神様として祀《まつ》ることになったときに、天海は「権現《ごんげん》」という神号にすることを主張した。崇伝は「大明神《だいみょうじん》」という言葉を使うことを主張したが、秀吉の神号である「豊国《ほうこく》大明神」と似ていて縁起が悪いというので天海の案が取り入れられ、「東照《とうしょう》大権現」となった。

家康が天海を好んだのは、私が察するに、天海の山王一実神道が仏教と神道を融合したものだったからである。家康としては、天下を治める人間が仏教だけに偏《かたよ》り、神社を無視するのはまずいと考えたのだろう。家康はさらに、天海から天台血脈《けつみゃく》というのをもらっている。「血脈」というのは、出家しない人が仏縁《ぶつえん》を結ぶために「血脈譜《ふ》」という略譜をもらうことである。天台宗の菩薩戒《ぼさつかい》(大乗《だいじょう》仏教において菩薩が受け、保持すべき戒律)をもらった人のリストがあって、それを「血脈譜」、正式には「天台円教菩薩戒相承《そうしょう》血脈譜」という。戒律を受けた在家《ざいけ》の信者に仏法相承の証拠として与える系譜である。それを受けた人は大切にして棺桶に一緒に入れるらしい。家康も、天台宗の菩薩から繋がる系譜を証明してもらったのである。

(注1) **屈原**(前三四三頃~前二七七頃) 春秋戦国《しゅんじゅうせんごく》時代の楚《そ》の詩人・政治家。王族の超名

門の一つ屈氏の出身。さらに博覧強記《はくらんきょうき》、詩文にもすぐれていたため懐王《かいおう》に重用されて楚の内政・外交にあたるが、一貫して秦《しん》との同盟に反対して国を追われ、楚の将来に絶望して入水《じゅすい》自殺した。その憂国の情を詠《うた》った「離騒《りそう》」をはじめとするおよそ二十編の詩が、楚の詩を集めた『楚辞《そじ》』に収録されている。

家康の出版事業

家康は出版にも熱心だった。関ヶ原の戦いの前年、慶長四年（一五九九）、数十万の木活字を伏見学校《ふしみ》（圓光寺《えんこうじ》）の三要元佶という坊さんに与えて『孔子家語《こうしけご》』『六韜三略《りくとうさんりやく》』を印刷させ、翌五年には『貞観政要』、同十年に『吾妻鏡《あづまかがみ》』、次の年は『周易《しゆうえき》』、慶長十一年に『武経七書《ぶけいしちしよ》』を印刷させている。木活字は日本で作らせたものらしい。

ちなみに『吾妻鏡』（『東鑑』とも書く）は、治承《じしよう》四年から文永《ぶんえい》三年（一一八〇〜一二六六）の八十七年間、すなわち木曽義仲《きそよしなか》が兵を挙げてから蒙古《もうこ》（元《げん》）の使者がやってくる二年前までの鎌倉政治史である。筆者は不詳。秀吉が小田原城を攻め、降伏させたとき、使いとして城に乗り込んだ黒田如水《くろだじょすい》が北条家に伝わっていた『吾妻鏡』を受け取ったという。

家康は慶長十七年（一六一二）、羅山に『吾妻鏡』の校異《こうい》を作らせている。幕府を作ろうとしていた家康のお手本は、なんといっても初めて幕府を開いた源頼朝《みなもとのよりとも》である。だから『吾妻鏡』は徹底的に読んだようだ。家康はこう言ったという話がある。

「世の中には義経に肩入れする判官贔屓《はんがんびいき》というものがあるが、それは乳母女房どもが騒ぐだけのことだ。天下を治《おさ》めるには継承者を選ばなければならないが、武勲をあげたからと大きな顔をするやつに後を譲ったら長続きはしない。いわんや反逆の恐れのある人間は亡ぼさなければならない」

これが家康の考え方だった。

家康は国内最初の銅活字を用いて、『大蔵一覧集《だいぞういちらんしゅう》』という経典も慶長二十年（一六一五）に印刷させている。秀吉軍が朝鮮から持ち帰った銅活字は九万本くらいあったらしいが、家康は新たに明《みん》の人間の林五官《りんごかん》に一万三千本ほどの銅活字を作らせた（駿河《するが》版銅活字）。これは印刷が鮮明で、百二十五部くらい印刷して配っている。家康は儒教を学ぶだけでなく、仏教も排除しない立場をとっていたのである。

家康は、「釈迦《しゃか》がシナに生まれていたら孔子のようになっていただろう。孔子がインドに生まれていたら釈迦のようになっていただろう」と言っていたという。家康は本質的には本地垂迹説《ほんじすいじゃくせつ》だったと言える。徳川幕府の大本《おおもと》にこの本地垂迹説があったということが、のちの「石田心学《いしだしんがく》」（２０５ページ参照）に通ずるのではないかと思う。

もう一つ、家康が出版しようとしていたのが『群書治要《ぐんしょちよう》』だった。これは唐の貞観五年（六三二）に太宗《たいそう》の家来の魏徴が、勅命《ちょくめい》によって古典から政治に役立つ諺《ことわざ》や逸話を選び五十巻にまとめたものである。宋《そう》の時代にシナでは散逸《さんいつ》してしまったが、平安時代に日本に伝わり、朝廷で重んじられていたため日本には残っていた。そこで、本多上野介《ほんだこうずけのすけ》正純《まさずみ》を総裁に任命して印刷させることにした。残念ながら、第一冊目ができたのは家康の死の一カ月後だったが、家康はその完成を最後まで気にかけていたようだ。これは秀《ひで》忠《ただ》が遺志を継ぎ、一六二四年にかけて完成させている。天明《てんめい》七年（一七八七）には、尾《お》張《わり》藩の徳川宗睦《むねちか》も、この『群書治要』を印刷している。

また、林羅山や金地院崇伝を総裁にして、筆の達者な五山《ござん》の人間十人を南禅寺《なんぜんじ》に集めて『旧事紀《くじき》』『古事記《こじき》』『菅家文草《かんけぶんそう》』などを書き写させたりもしている。こうして本を集めて富士見文庫《ふじみぶんこ》を作り、これがのちに紅葉山《もみじやま》文庫となって、いまでは内閣文庫になっている。漢書を中心に六万六千八百二十一冊集めるなど、家康は文庫を作るのにも熱心だった。

江戸と『源氏物語』

意外なのは、家康が『源氏物語』を重視したことだ。家康に限らず、信長も秀吉も『源氏物語』を重んじてはいたが、家康は「源氏」の講義を四回受けている。一回目は慶長十九年（一六一四）、駿府《すんぷ》城で飛鳥井雅庸《あすかいまさつね》が講じた。飛鳥井家というのは和歌と蹴鞠《けまり》師範を家業とする公家である。次は、大坂城を落として『源氏物語絵巻』を手に入れた時、大坂城に「源氏読みの女」といわれる女性がいて、彼女から「源氏」の話を聞いた。第三回目は冷泉為満《れいぜいためみつ》から、藤原定家《ていか》が奥書《おくがき》に注を付けた『定家奥入《おくいり》』について聞いている。四回目は、中院通村《なかのいんみちむら》に慶長二十年（一六一五）、二条城の茶室で本格的に講義を受けている。一説によると、「禁中並公家諸法度《きんちゅうならびにくげしょはっと》」が公布された二日後のことで、その茶室には豊国神社の松を三千本伐《き》って、その松葉が敷かれていたという。

最初に講義を受けた飛鳥井家というのは藤原氏の直系ではないが、中院家は足利将軍から源氏の氏《うじ》の長者《ちょうじゃ》とされた家なので、『源氏物語』の源氏だから、源氏の家の物語として継承するという形だったらしい。

私が昔から不思議だったのは、徳川時代というのは淫猥《いんわい》な印刷物に対しては非常に厳しく取り締まったのに、『源氏物語』には口出しをしなかったことだ。それどころか、吉原の女郎まで源氏名《げんじな》などというものを使っている。だが、家康がさまざまな版を集めるほど『源氏物語』が好きだったということを知って納得がいった。

それは文学として『源氏物語』を好んだということだけではなく、源氏の「氏の長者」で、源氏のみに許される「将軍」のタイトルを継いだ家康にとっては、文学であろうと何であろうと「源氏」の名のつくものを大切にし、ある意味でそれに対する支配権を持ちたかったらしいのである。

「源氏調度《ちょうど》」という『源氏物語』をテーマにデザインした嫁入り道具もある。屏風《びょうぶ》に源氏物語の一場面が描いてあったりするものだ。こういうものを勝手に作ることは許されず、徳川家や特定の大名しか使えなかった。「源氏」はいわば別格で、こういったことが武士階級の間に源氏的な雰囲気が残った一つの理由だと思う。寛政《かんせい》の改革を行った、堅《かた》物《ぶつ》として知られる松平定信《まつだいらさだのぶ》も、義理の母が近衛《このえ》家の出だから、源氏物語を七回写したと自慢しているほどだ。

おもしろいのは、日本文学研究者の三田村雅子氏が指摘していることだが、『源氏物語』を下敷きにした柳亭種彦《りゅうていたねひこ》の『偐紫田舎源氏《にせむらさきいなかげんじ》』という本が十四年間に三十八版刷られ、一万から一万五千帖も売れたということだ。あれだけ話題になった滝沢馬琴《たきざわばきん》の『南総里見八犬伝《なんそうさとみはっけんでん》』(全九十八巻百六冊)でも年間一千部は売れていないのである。『偐紫田舎源氏』がそれほど売れた理由は、内容と歌川国貞《うたがわくにさだ》のきれいな挿絵《さしえ》とがよく合っていて、印刷技術もよかったからだろうが、その根底には庶民の間にも源氏的なものへの憧れがあったからと考えられる。

歌舞伎の『忠臣蔵』が室町時代の話に置き換えられたのと同じように、『偐紫田舎源氏』も舞台を室町時代に置き換えて、八代将軍・足利義政《よしまさ》を桐壺《きりつぼ》の帝になぞらえ、光源氏《ひかるげんじ》は光氏《みつうじ》という名前にしてある。将軍の妾腹《しょうふく》の子・光氏が、須磨《すま》、明石《あかし》を放浪しながら将軍位を狙う山名宗全《やまなそうぜん》を滅ぼすストーリーだが、大体において『源氏物語』の枠組になっている。種彦は春本《しゅんぽん》『似世紫浪華源氏《にせむらさきなにわげんじ》』も書いたが、これは版木《はんぎ》没収になった。

宮廷への憧れと雛人形

異常なほどの『偐紫田舎源氏』の流行は宮廷への憧れを示すもので、その憧れは雛人形《ひなにんぎょう》に繋がっている。大名家は雛人形をよく嫁入り道具にした。雛人形は『源氏物語』の世界である。

雛人形はだんだん精巧で華美なものになっていった。江戸の人形師のなかには有職故《ゆうそくこ》実《じつ》に詳しく、あまりにも真実に近いものを作って江戸追放になった者もいる。松平定《まつだいらさだ》信《のぶ》の寛政《かんせい》の改革によって大きい人形が禁止されると、それを逆手にとり、芥子粒《けしつぶ》のように小さい芥子人形という贅沢《ぜいたく》なものが作られた。もっとも、定信自身は娘のために半メートルもある大雛をつくっているのだからいい気なものだ。

さらに、段飾りの雛が流行《はや》る。最上段に親王様がいるわけだ。九段飾りが多かったが、天璋院篤子《てんしょういんあつこ》（篤姫《あつひめ》）のは十二段だったという。明らかに権威を示すものである。大奥では「雛拝見」が年中行事となった。

非常に面白いと思うのは、私が育った山形県鶴岡市の町はずれでも、私が子供の頃には「雛拝見」が年中行事としてあったことだ。私の家でも八段飾りだったが、一度子供が遊んだ人形を雛段に飾ると神様になるというので捨ててはいけないことになっていた。だから、どんどん数が増えていくのである。

子供たちが、雛を飾っている近所の家に行って「お雛様を見に来ました」と言うと、「見なさい、見なさい」と家に入れてくれる。そこで三分くらい座ってから「ありがとうございました」とお礼を言うと、お菓子をくれる。それが大きな楽しみだった。大奥の習慣が、戦争でものがなくなるまで東北の田舎町にも伝わって残っていたのである。

山形県酒田市の大地主・本間《ほんま》家では代々集めた江戸の雛の展示会がいまも行われ、酒田の観光名物の一つになっている。それを見ると、当時の雛人形がいかに凝《こ》っていたかがわかる。あれは平安朝に対する憧れであり、源氏物語に対する憧れなのである。そして、そのもとは家康に遡《さかのぼ》るのだ。

余談になるが、妻の母がわれわれの娘、つまり孫娘に買ってくれたお雛様を飾っていたとき、たまたまバッハの「ブランデンブルク協奏曲」のレコードをかけたら、雰囲気があまりに合うので驚いたことがある。「ブランデンブルク協奏曲」は、フリードリヒ大王とほぼ同時代の曲だ。フリードリヒ大王には戦争ばかりしていたイメージがあるが、晩年のおよそ三十年は穏やかな日々を送っている。音楽好きで自分でもフルートを吹き、バッハも感心したような協奏曲も作曲した大王が過ごした、プロシアのいちばんいい平和な時代の宮廷の雰囲気と雛人形とがとても合うのである。面白い発見だった。

第3章

養子と浪人たちの功績

地方における養子の名君たち

家康が家督相続を長子制度にしたことと関連することだが、徳川時代にはとくに養子が目立つ。養子は猶子《ゆうし》ともいう。本物の儒教国のシナやコリアと違って、日本の猶子制度というのは独特で、姓の違う人からもらってもいい。

徳川将軍家は、家康、秀忠《ひでただ》、家光《いえみつ》、そして四代目の家綱《いえつな》までは直系だが、その後、十五代の将軍のなかで六人までが養子である。五代目から考えれば、十一人中半数以上が養子ということになる。しかもわれわれが小説や物語でよく知っている将軍たち、たとえば学問好きだった犬公方《いぬくぼう》の五代・綱吉《つなよし》、新井白石《あらいはくせき》を用いたことで知られ、甲府藩主から六代将軍になった家宣《いえのぶ》、そして八代・吉宗《よしむね》も養子。長期政権で文化文政《ぶんかぶんせい》の淫風滔々《いんぷうとうとう》たる時代を作った十一代・家斉《いえなり》、それから十五代・慶喜《よしのぶ》など、よく知られている将軍はみんな養子である。名を残した将軍はみな養子だといってもいいくらいだ。

これほど養子が多かったのは、当時は公家《くげ》や大名の姫君が使っていた白粉《おしろい》に鉛が入っていたからそれが子供に悪い影響を与えてなかなか育たなかったとか、いろいろな説がある。いずれにせよ、養子にはなかなか人材が多かった。

大名家でも同じである。今日まで名君として称えられている大名にも養子は多い。たしかに、愚か者を養子にする家はない。評判のよい男子のみに養子の口がかかったのである。

徳川時代きっての名政治家と言われる保科正之《ほしなまさゆき》は家光の異母弟で、信濃《しなの》国高遠《たかとお》三万石の藩主・保科正光《まさみつ》の養子となった人である。四代将軍・家綱の名補佐役で、幕府の文治政策の方向を決めた人物だ。のちに会津《あいづ》藩主となったが、その遺訓・遺風は幕末まで及んだとされる。

この保科正之とともに家光、家綱に仕《つか》えて幕府創業の基礎を固めることに大功のあった松平伊豆守信綱《いずのかみのぶつな》（〝知恵伊豆《ちえいず》〟と呼ばれた）も元来は大河内久綱《おおこうちひさつな》の子で、松平家の養嗣子《ようしし》になった人物である。

将軍の側近では松平定信《まつだいらさだのぶ》がいる。彼は田安宗武《たやすむねたけ》の子供で吉宗の孫にあたり、老中《ろうじゅう》失脚後は名君白河侯《しらかわこう》として領民に慕われた。肥後《ひご》熊本の細川重賢《ほそかわしげかた》は細川家中興の祖で、熊本藩の財政を建て直し、「肥後の鳳凰《ほうおう》」と呼ばれた。この重賢と並んで「紀州の麒麟《きりん》」と称賛された徳川治貞《はるさだ》。そして英雲公《えいうんこう》といわれた長州の毛利重就《もうりしげたか》。この藩主がいたため、維新のときの長州藩があったといわれる。これらの名藩主たちもみんな養子だ。

現代に最もその名を知られているのは、米沢《よねざわ》の上杉治憲《うえすぎはるのり》（鷹山《ようざん》）だろう。三万石の小藩、日向高鍋《ひゅうがたかなべ》藩の秋月《あきづき》家から米沢十五万石の養子になったものだから、初めのうちはバカにされて苦労したが、見事に藩の財政を立て直したというので、いまでも大変な人気がある。

これら名君たちの共通点は、『貞観政要《じょうがんせいよう》』の教訓が活かされ、封建《ほうけん》制度の時代にあって非常に民主的であったことだ。

典型的な例が上杉鷹山で、彼は後継ぎに以下のような三カ条を残している。

一、国家は先祖から子孫に伝えられたものであるから私すべきではない。
一、人民は国家に属するものであるから私すべきではない。
一、国家人民のために立てたのが君であって、君のために立てた国家人民ではない。

まるで民主主義綱領のようである。

さらに言っておけば、養子の名君たちが輩出したのは江戸時代でいちばん堕落《だらく》していたといわれる田沼《たぬま》時代である。老中・田沼意次《おきつぐ》が支配していた時代は贅沢《ぜいたく》を極めたといわれているが、先ほどあげた大名以外にも、非常に堅実な政治を行う人たちが各地方に数多く出た。これは日本の封建制の良さを示したものではないだろうか。

江戸がどういう状態であろうと、地方に名君がいて物産を興《おこ》し、いい政治を行おうとしていた。お隣りの朝鮮と比べてみればわかるだろう。朝鮮には封建制度がなかったから、中央から地方に役人が派遣され、役人は地方の富を掠《かす》め取って、これを賄賂《わいろ》として都（京城《けいじょう》）に送り、少しでも早く呼び戻してもらって位をあげてもらおうとした。そのため、朝鮮はどこにも地方物産がない国になってしまった。それに対して、日本は封建君主がそれぞれ競争したものだから充実した政治が行われ、地方が豊かになって独自の物産が生じ、学問も興った。

ただ、いまから見れば、お互いに領民が隣りの国と行き来しないので飢饉《ききん》があると援助が受けられない、領内のみで解決しなければならないという欠点が封建制度にはあった。したがって、飢饉が起こったときに民衆が餓死するかしないか、飢えた民を助けられるかどうかが名君のメルクマールになる。天明《てんめい》の大飢饉のときなどは、食べるものがまったくないから犬一匹が五百文、猫一匹が三百文で食料として売買され、いちばん酷いところでは死人の肉を食べたという話さえ残っている。しかし、名君は決して領民を飢えさせなかったのである。

由比正雪が掲げた菊水の旗

徳川時代は身分制度の時代だが、その身分から外れた「浪人」という層がいた。これは非常に大きな問題だった。幕府としては、なるべく大名の罪状を暴《あば》いて取り潰《つぶ》し、領地を没収するのが当初の政策だったが、その結果、膨大《ぼうだい》な数の浪人が生まれてしまった。三代将軍・家光の死後、浪人の由比正雪《ゆいしょうせつ》が幕府転覆《てんぷく》を狙った「慶安《けいあん》の変」（慶安四年＝一六五一）のような事件が起こったものだから、松平伊豆守の頃から、お家取り潰しはなるべく避けるようになった。

ところが、浪人という人種は江戸文学にも頻繁に現れる。こんな国がほかにあるだろうか。江戸時代はある意味で〝浪人文化〟の時代である、という言い方もできるかもしれない。

浪人の精神的基盤とは何かを鋭く指摘したのは、三宅雪嶺《みやけせつれい》（注1）だった。

孔子も孟子も宮仕えを望み、孔子は仕官を求めてあちこちを回ったが、雇ってくれる王様がいなかったから、七十歳近くになって諦めて教育に専念した。孟子も似たようなものだ。孔子の場合はやむをえず教育家になり、孟子の場合は浪人になった。要するに、自分の理想に合わない主君には孔子も孟子も仕える気はない。当時の人はシナの古典をよく読んでいるから、それを手本にしていたといわれる。たとえば、元《げん》に滅ぼされた南宋《なんそう》の忠臣・文天祥《ぶんてんしょう》は、元の宰相にしてやるといわれたが、宋に対する忠節を守り、断り続けて刑死している。

満洲族の建てた王朝である清《しん》は、武力ではシナを征服したが、シナ大陸の伝統文化を尊敬していて、明《みん》の時代のすぐれた学者は誰でも雇《やと》おうという気持ちがあった。だからシナ学の最高峰は満洲人の皇帝である康熙帝《こうきてい》（一六五四〜一七二二）と、その孫の乾隆帝《けんりゅうてい》（一七一一〜一七九九）の時代である。ところが、それだけ儒教や学問に理解がある宮廷であっても、高名な学者でも清朝の初めの頃には仕官した人がいない。そうしたことが手本になって、仕える相手がいなければ無理して仕える必要はないという気風が、日本でも江戸時代には非常に強かったようだ。

戦国時代には、戦争に負けて主君の家が潰れると、立派な武将のなかにも浪人する者が多かった。大坂の役《えき》のときにも、豊臣方には大した兵隊がいなかったから、大勢の浪人が大坂城に入って戦った。それを滅ぼすのに家康は五十万人の軍勢を集め、しかも冬の陣では落とせなかった。それくらい浪人の力は強く、徳川幕府にとって浪人の問題は大きかったのである。

浪人の頭目《とうもく》で有名なのは、何といっても前述のとおり、幕府転覆を狙ったとされる慶安の変の首謀者・由比正雪だが、彼の資料は幕府が徹底的に抹殺したためほとんど残っていない。残された数少ない資料から、由比正雪を評価したのが三宅雪嶺である。

由比正雪は評判の高い軍学者だった。備前《びぜん》岡山藩主・池田光政《いけだみつまさ》が召し抱えようとして、家来の陽明学者・熊沢蕃山《くまざわばんざん》が使いに立ち、五千石でどうかといったら「その程度なら断る」と答えたほどだ。その由比正雪が前面に掲げたものは、「菊水《きくすい》の旗」と豊臣秀吉である。いまなら何の不思議もないかもしれないが、まだ関ヶ原の戦いから間もない慶安の時代、家光が死んだばかりの頃にそれらをふりかざすのがいかに危険なことであったか。

菊水の紋の旗といえば楠木正成《くすのきまさしげ》だが、彼は反北条《ほうじょう》幕府の中心的人物であった。幕末の維新の志士に人気があったのは、正成が幕府と戦ったからだ。由比正雪には倒幕の野望があったから、楠木正成の旗を持ち出したわけだ。

また、この慶安の時代といえば、少数民族の満洲族がシナに入って明を滅ぼした一六四四年（正保《しょうほう》元年）からそれほど間がない頃だ。だから豊臣秀吉を奉じるのは、秀吉ならシナにも進出できたのではないかという意味にもとれる。これが反幕府的な浪人の一番の典型である。残っているのは由比正雪の部下だった丸橋忠弥《まるばしちゆうや》の拷問《ごうもん》による証言だけだから、その規模など詳細ははっきりしないが、幕府を根底から揺るがすような相当大きな反乱計画だったことはたしかだ。

浪人にもかかわらず由比正雪は自尊心が強かったが、若い頃から秀才の誉《ほま》れ高かった儒学者であり、軍学者であった山鹿素行《やまがそこう》も一万石で召し抱えたいという話を断り、五万石なら受けると言ったという話がある。結局、そういう人間は幕府に睨《にら》まれて追放されることになる。山鹿素行は朱子学を批判して播磨国赤穂《はりまのくにあこう》に流罪《るざい》となり、浅野家に一千石で召し抱えられた。実際には五千石から六千石くらいもらっていたらしく、赤穂藩の家老、『忠臣蔵』で有名な大石内蔵助《おおいしくらのすけ》もその門弟だった。吉良《きら》邸討ち入りのとき、内蔵助が打ち鳴らしたという山鹿流陣太鼓《じんだいこ》の伝説で、山鹿素行の名は広く知られることになる。

同時代の陽明学者・熊沢蕃山は、岡山藩主・池田光政に仕え、土砂災害政策に功績を残して農業を充実させたにもかかわらず、周囲から嫉妬《しつと》されて失脚した。それでも蕃山は悩んだりせず、浪人して泰然《たいぜん》としていた。さらに大老・堀田正俊《ほったまさとし》の招聘《しようへい》も断り、幕府批判を行ったこともあって、何度も追放・謹慎を命じられながら反骨の生涯を閉じた。

蕃山は幕末に再び脚光を浴びることになる。浪人というのは、幕府に対してなかなか強い立場にあったことがわかる。

（注1）**三宅雪嶺**（一八六〇～一九四五）思想家・評論家・ジャーナリスト。石川県金沢生まれ。本名・雄二郎。東京大学卒。明治二十一年（一八八八）に「政教社《せいきょうしゃ》」を結成し、雑誌『日本人』（のちに『日本及日本人』に改題）を創刊して、政府の欧化政策に対して国粋《こくすい》主義を主張。生涯在野の立場を貫き、著書は同時代の修養の書として広く愛読された。主著に『真善美日本人』『宇宙』『同時代史』などがある。

学問の世界と浪人文化

〝浪人文化〟が一番極端に表れたのは、そうした学問の世界だった。林家《りんけ》の三代、林羅《はやしら》山《ざん》、鵞峰《がほう》、鳳岡《ほうこう》までは学者としてすぐれていたが、あとが続かなくなった。そして、浪人のほうに人材が輩出するという珍現象が起こった。

たとえば伊藤仁斎《いとうじんさい》である。彼には仕官する気がなかった。紀州侯から招かれたが、一千石という申し出さえ断り、市井《しせい》の学者のままだった。その時、「政事《せいじ》のことで召し抱えてくださるのならば小禄でもお仕えしますが、学問の職ならば一千石でもご辞退致しましょう」と答えたと伝えられている。浪人でも、そのプライドは感嘆すべきものがある。

彼は当時の幕府の「官学」である林家の朱子学には従わず、『論語』『孟子』には朱子の言っているような意見は見つからないとして、孔孟の古義《こぎ》に遡《さかのぼ》るべきものとしていわゆる「古義学」を興し、京都・堀川《ほりかわ》の自宅を「古義堂《こぎどう》」と名づけて私塾を始めた。材木屋の息子であったが人品にすぐれ、殿上公卿《てんじようくぎよう》の風格があると言われた。門弟通算三千人、弟子がいないのは飛驒《ひだ》、佐渡《さど》、壱岐《いき》の三国だけだったという。

その仁斎と張り合った荻生徂徠《おぎゆうそらい》は、「自分の趣味は炒豆《いりまめ》を噛《か》んで世間の人の悪口をいうことだ」と嘯《うそぶ》いた豪傑ではあるが、彼は五百石で幕府側用人《そばようにん》の柳沢吉保《やなぎさわよしやす》に仕えている。つまり、将軍に仕えている人間に仕えているわけだ。自分を東夷《とうい》、あるいは日本国夷人と称したり、自分の家系は物部《もののべ》氏だからというのでシナ風に物《ぶつ》徂徠と自称したりした。彼は初めのうちは仁斎を尊敬していたが、のちに仁斎を謗《そし》るようになる。というのは、うしろめたさがあったからだと思われる。幕府の陪臣《ばいしん》となり、五百石の禄を食《は》んだ徂徠は、儒者として仁斎が煙たかったのではないだろうか。

戦後、江戸の漢学などあまり顧《かえり》みられなくなった頃に徂徠だけは奇妙に人気があって、全集が二度まで出た。それは自分を「東夷」といい、名前も「物徂徠」などとシナ風にした卑屈さが、当時、シナを「中国」と崇《あが》めるようになった中国文学者や出版社の気に入ったのではないかと私は考えている。

仁斎の五男の伊藤蘭嵎《らんぐう》には、こういう話がある。紀州の殿様に呼ばれて講義をしたとき、いつまで経っても講義を始めないので、御三家の殿様の前で固くなっているのかと思い、「遠慮なく講義しなさい」とお側の者が勧めたら、蘭嵎は「聖人の話を聞くというのに殿様はまだ座布団を敷いていらっしゃいます」と言った。それを聞いて、殿様は「あ、そうか」と初めて気づき、座布団をとった。浪人とはいえ、御三家をものともせぬ権威があったのである。

ちなみに仁斎の子供は男子五人いたが、みんな出来がよかった。五人とも名前に「蔵」がついたので、「堀川の五蔵」と言われ、とくに長男と五男が有名だったので「堀川の首尾蔵」と称された。

長男・原蔵《げんぞう》は東涯《とうがい》と号し、当時の有名な儒者たちも「天下の博物《はくぶつ》」と言って一目置くくらいであった。紀州侯に五百石で招かれたが、父と同じく辞退した。

仁斎の次男は重蔵《じゅうぞう》、号を梅宇《ばいう》とした。徳山の毛利侯に仕えたが、やはり宮仕えより浪人がよい、と間もなく京に戻った。三男は正蔵《しょうぞう》、号を介亭《かいてい》といい、高槻《たかつき》の永井侯に仕えた。恭謙倹素《きょうけんけんそ》（謙虚で質素）で誰からも尊敬されたが、独身のまま八十八歳で亡くなった。四男は平蔵《へいぞう》、号は竹里《ちくり》。久留米《くるめ》の殿様に仕えて六十五歳で亡くなったが、子があとを継いだ。

五男は才蔵《さいぞう》。号は蘭嵎で、紀州に仕えた時の逸話は前にあげたとおりである。八十五歳で亡くなった。

仁斎の子供たちのことをあげたのは、みな学者として抜群であり、長寿でもあったことを示したかったからである。これは仁斎の家庭生活に偽善的なところがなかったからであろう。「仁者ハ寿《イノチナガ》シ」（『論語』雍也《ようや》第六）という。浪人儒者、仁斎一家の例は、江戸の学問と浪人の姿を察するよい例になると思う。

浪人の気分が明治維新に繋がった

幕末になると頼山陽《らいさんよう》が出る。頼山陽の父である頼春水《しゅんすい》は、寛政《かんせい》の三博士《さんはかせ》（江戸幕府直《ちょっ》轄《かつ》の学問所、昌平黌《しょうへいこう》の教官を務めた三人の朱子学者、古賀精里《こがせいり》・尾藤二洲《びとうじしゅう》・柴野栗山《しばのりつざん》）と並ぶ偉大な朱子学者で、広島藩の藩儒《はんじゅ》（藩お抱えの儒学者）を務めた。あとを継ぐべき山陽も大秀才だったが、二十一歳のとき突如、出奔《しゅっぽん》してしまう。家に連れ戻されて幽閉され、結局、廃嫡《はいちゃく》となった。弟・春風《しゅんぷう》の子、景譲《けいじょう》が養嗣子として迎えられ、彼にあとを譲って自由になった山陽は京都に出て塾を開いた。山陽にしてみれば、大大名の儒官になるよりは浪人の身分で詩を作り、本を読み、日本史の著述に専念するほうがずっとよかったのだろう。天保《てんぽう》三年（一八三二）の死後、武家の歴史を記した『日本外史《にほんがいし》』が刊行されている。

江戸時代の武士は一千石、五百石、五十石という身分の違いがどこからきたものか、もう実感的にはわからなくなっていたから、精神的に納得できないながらも堅実に暮らしていた。それに比べ、浪人たちは学問と自信だけで堂々と生きていたのである。普通の武士が仕官のためなら殿様の草鞋《わらじ》を舐《な》めてもいいくらいに思っていた時代に、五百石、一千石で召し抱えるといわれてもそれを断り、貧乏しながら平然としている儒者たちが何人もいたということが、学者に対する尊敬のもとだった。当時の人から見れば、これはどれほどのショックであったか。それが学者のプレステージを高めていた。学者というのはたいしたものだ、と一般の人々が考えたのも無理はない。

これはそもそも家康の学問好きから始まったことである。儒学にしても、朱子学がすべてではない、と中江藤樹《なかえとうじゅ》は陽明学《ようめいがく》を学び、伊藤仁斎は実証的な古義学を提唱した。朝鮮では朱子学の大家《たいか》、李退渓《りたいけい》（一五〇一～一五七〇）が出ると、あとは皆その弟子ばかりで異学が現れない。日本では松平定信が寛政異学《かんせいいがく》の禁《きん》を出すくらい、さまざまな学問が生まれた。寛政の三博士という朱子学の権威がいても、それだけに留まらない学問の幅広さがあった。

考えてみると、幕末・維新の頃にその精神的支柱となった頼山陽の『日本外史』をはじめ、維新の志士たちから評価された山縣大弐《やまがただいに》、竹内式部《たけのうちしきぶ》、高山彦九郎《たかやまひこくろう》、蒲生君平《がもうくんぺい》、林《はやし》子平《しへい》などは皆、単なる浪人・無禄者《むろくもの》であり、高山・蒲生・林は「寛政の三奇人《さんきじん》」と言われた。山縣は謀反《むほん》の疑いで処刑され（「明和《めいわ》事件」）、竹内は公家たちに垂加神道《すいかしんとう》を講義して京都を追放され、明和事件への関与を疑われて八丈島に流罪となり、途中の三宅島で病没している。林はその著書が幕府の禁制に触れて蟄居《ちっきょ》を命じられ、不遇のうちに亡くなった（202ページ参照）。

だが、歴史は彼ら〝奇人〟のほうに流れていった。

そうした浪人の気分というものが、明治維新の精神にまで繋がっている。身分や社会とのしがらみに雁字搦《がんじがら》めにされていたら、明治維新のときに下級武士たちがあれほど昂《こう》然《ぜん》として動くことができただろうか。西郷隆盛《さいごうたかもり》や大久保利通《おおくぼとしみち》にしても、山縣有朋《やまがたありとも》にしても伊藤博文《いとうひろぶみ》にしても、みな身分は低かった。ところが、彼らは上の人に対して卑屈な態度をとらなかった。下級武士にはいい意味での浪人の精神が伝わり、浸透していたのではないかと思われる。極端な説ではあるが、三宅雪嶺は「西郷南洲《なんしゅう》の浪人気分は、意識はしていなかったにしても由比正雪に相通ずるものがある」と言っている。幕府を倒そうという意志は〝楠公《なんこう》〟楠木正成の精神、大陸出兵（征韓論）は豊臣秀吉の精神だというわけだ。

第4章

元禄時代のパラドックス

贅沢競争と財政の悪化

商いの世界でも、三代持てば店はその後も長く続くといわれる。北条《ほうじょう》幕府でも足利《あしかが》幕府でも同じことが言えた。徳川幕府は四代・家綱《いえつな》のときに幕府の制度が整い、確立した。補佐する幕閣《ばっかく》にも保科正之《ほしなまさゆき》や、〝知恵伊豆《ちえいず》〟といわれた松平伊豆守信綱《まつだいらいずのかみのぶつな》のような人材が揃い、よく徳川幕府の基礎を固めた。三代・家光《いえみつ》の時代の寛永《かんえい》十八年（一六四一）には鎖国が完成した。

ところが四代目・家綱には子供がなかったため、上野国館林《こうずけのくにたてばやし》公であった綱吉《つなよし》が養子に迎えられ、五代将軍になる。綱吉は幼い時から大変賢く、父の家光も「この子には学問をさせろ」と言っていたため、母親の桂昌院《けいしょういん》も一所懸命勉強させた。将軍になってからは、大名や幕臣に自ら四書《ししょ》や易経《えききょう》を講義したり、湯島聖堂《ゆしませいどう》を建立《こんりゅう》したりして学問を奨励し、盛んにした。

綱吉は側室であった母親が身分の低い生まれだったため、非常な母親思いでもあった。寺を建ててやったり、従一位《じゅいちい》という女性としては最高の官位を朝廷からもらってやったりした。だが、母親が信頼していた隆光僧正《りゅうこうそうじょう》の「綱吉に子供が生まれないのは戌年《いぬどし》生まれのせいだ」という言葉にたぶらかされて、有名な「生類憐《しょうるいあわれ》みの令《れい》」を出したといわれる。その真偽はともかく、これは天下の珍令というべきものだった（97ページ参照）。「生類憐みの令」は一回だけでなく何回も出しているが、江戸では大変だったものの地方ではそれほど効き目はなかったようだ。のちにスウィフトが書いた『ガリバー旅行記』の第四編に知的な馬の国が出てくるが、スウィフトがオランダ人から「生類憐みの令」の話を聞いたのがヒントになっているのではないかという説もある。証明はできないが、ガリバーが日本に行った話もあるから、根拠のない話ではない。

その綱吉の下で、非常に文化の栄えた時代の一つである元禄《げんろく》時代が花開いた。これは「元禄風」という言葉があるくらい、大変贅沢《ぜいたく》な時代だった。元禄時代が始まるのは一六八八年からだから、関ヶ原の戦いからすでに八十八年経っている。平和な時代が続き、世の中がよく治《おさ》まった。ただ問題なのは、財政が悪化したことだった。

当時は日本でも金や銀が産出されたが、それは国際価格からすると非常に安かったそうだ。それを知らずに、外国からどんどん絹や贅沢品を買い、金銀が海外に流出した。鎖国をしているとはいえ、買いたいものは長崎からどんどん入ってくる。やがて、財政に困った幕府は通貨の改鋳《かいちゅう》を行い、小判の金の含有率《がんゆうりつ》を下げた。すると、何百万両がすぐに浮いた。

それを実行したのは勘定奉行《かんじょうぶぎょう》の荻原重秀《おぎわらしげひで》だった。彼がいる限り、幕府は金に困ることがなかった。経済が発展し、景気がよくなって町人たちも贅沢をし始めた。町人の女房が贅沢競争をしたなどという話もある。ところが、昔の慶長《けいちょう》小判はよかったのに最近の小判は鉛ばかり多くなったと言って、金の含有量を下げることを悪と考える人もいた。それも結局は将軍の責任なのだが、綱吉が死に、六代将軍・家宣《いえのぶ》の時代になると、勘定奉行がけしからんという話になって重秀は罷免《ひめん》される。家宣とその次の七代・家継《いえつぐ》、その側臣の新井白石《あらいはくせき》は元禄小判を回収し、良質の正徳《しょうとく》小判を鋳造《ちゅうぞう》した。

しかし言うまでもなく、経済が発達すればカネはどうしても足りなくなる。荻原重秀という人は、「カネは幕府の権威で動くのだから、材質など瓦でもいいじゃないか」という説だった。いまから考えれば、荻原は卓抜な経済観念を持っていた人だということができる。現代のカネだって、ただの紙切れである。金の含有量が少なく、鉛の多い小判よりもさらに価値のないものをカネとして配っているわけだ。それでも政府の権威で流通している。だから荻原の言ったことは正しいわけだが、そんな先見的な考えは封建《ほうけん》時代には受け入れられない。その結果、「江戸のパラドックス」というものが起こる。

国中を人とカネが動いた

徳川幕府は行政権を持っている。法律をつくる立法権も持っている。さらに司法権まで持っている。つまり、あらゆる権力を握っているわけだ。にもかかわらず、幕府はだんだん貧乏になり、幕末には幕府のみならず、諸大名にもカネがなくなった。もう藩を維持できないという大名も出てくる。一番酷い例になると、大坂の金持ちから持参金付きで養子をとって殿様に据《す》え、それで借金を払ってやりくりした。御用が済むと、その殿様はご隠居ということにされたりした。それほど大名も貧しくなった。

この話を外国人にすると、すべての権力を握っている者がだんだん貧乏になるなんてそんな話は聞いたことがないと言う。そのことは、現在の徳川宗家《そうけ》を継いでいる第十八代当主・徳川恆孝《つねなり》さんも指摘している（『江戸の遺伝子　いまこそ見直されるべき日本人の知恵』ＰＨＰ研究所刊）。一つには、通貨制度がうまくいかなかったのが大きな理由だと思う。そしてもう一つ、徳川幕府による日本の封建制度が西洋と非常に異なっていたことがあげられる。

西洋では貴族というのは揺るぎない階級であって、革命が起こらない限りはなくならない。ドイツでは第一次世界大戦の敗北によって皇帝《カイザー》と王《キューニッヒ》だけはなくなったが、貴族はみな残った。イギリスではいまも頑強に残っている。ところが、日本では大名のお国替えが頻繁に行われ、まるで鉢植えのようにあちらこちらに領地を入れ替えられた。

お国替えがなかったのは、たとえば薩摩、伊達《だて》、加賀のように、家康が将軍になる以前にすでに確立した領土を持っていた大名だけである。それらの藩は家康とは関係なく、もともと大大名《だいだいみょう》だったからお国替えはできない。しかし、譜代《ふだい》の大名とか外様《とざま》の弱小大名はどのようにでもできるという考えが幕府にはあった。それだけ幕府の権威が高かったといえる。

私の郷里の山形県鶴岡市でも、旧庄内藩の酒井《さかい》家が天保《てんぽう》時代(一八三〇~一八四三)にお国替えになるという話があった。八代藩主・忠器《ただかた》の時だったが、おそらく非常にいい殿様だったのだろう。百姓たちが反対運動を起こし、江戸へ出て行って領地替え取り下げを幕府に直訴《じきそ》して成功したことがあった。鶴岡のあたりでは、この百姓たちを「天保義民」と呼んでいる。彼らは喜んで、殿様は稲荷《いなり》(居なり)になったと稲荷神社を建てた。

ヨーロッパでは、貴族の土地を簡単に替えるなどということは聞いたことがない。これは日本の封建制度の特別なところである。

さらに、江戸時代には参勤交代《さんきんこうたい》という奇妙な制度ができた。そもそもは加賀の二代目、前田利長《まえだとしなが》が家康に睨まれて、ひょっとしたらお家が取り潰されるかもしれないというときに、初代加賀藩主・前田利家《としいえ》の奥方・まつがすすんで江戸に行き、人質になったのが始まりだとされている。それから大名の奥方は江戸に住み、大名は参勤交代でお国と江戸を行き来するということになった。

これによって、日本中で人が動くことになり、まず街道が整備された。それから江戸や大坂を行き来するから、文化の波及をもたらした。江戸時代の文化が日本全国隅々にいきわたるのに大いに貢献したと評価されるべきだろう。そのために大名たちはカネを使って貧しくなったといわれるが、カネを使ったということは道中でカネを落としたということだから、それはそれでよかったことになる。

家康が天下をとったときには、徳川幕府にはうなるほどのカネがあったといわれている。それが、もう元禄頃になるとカネがなくて、東照大権現《とうしょうだいごんげん》（家康）を祀《まつ》る日光東照宮にもなかなか将軍が参拝できないほどになった。では、絢爛《けんらん》たる元禄時代はいい時代だったのか悪い時代だったのか。それを知るには、そのときに何が起こったか、当時の出来事を見ればいい。

元禄文芸の興隆

文化面では、江戸に市川團十郎《いちかわだんじゅうろう》、上方《かみがた》に坂田藤十郎《さかたとうじゅうろう》という名優が登場して、歌舞伎というジャンルが確立した。井原西鶴《いはらさいかく》が『好色一代男《こうしょくいちだいおとこ》』『日本永代蔵《にっぽんえいたいぐら》』を刊行し、近松門左衛門《ちかまつもんざえもん》の書いた『曽根崎心中《そねざきしんじゅう》』が初演され、西山宗因《にしやまそういん》を中心とした俳諧《はいかい》の談林派《だんりんは》、同じく俳諧の貞門派《ていもんは》から北村季吟《きたむらきぎん》が登場し、また松尾芭蕉《まつおばしょう》が独自の流儀を生む。

俳句を確立して現代に続く文学の一ジャンルを作り、普及させた芭蕉の功績は大きい。俳句は二十世紀にはイギリス、アメリカのイマジスト――エズラ・パウンドやエイミイ・ロウエルなど――の詩に大きな影響を与えた。いまでもカナダなどでは、日本の学校以上に五七五シラブルの詩を作らせると聞いている。

芭蕉が始めた俳句は連歌《れんが》の座で行うが、その座はまことに民主的であって、普通は身分によって差がつけられるところだが、武士も町人も、女性でも商店の小僧でも、身分や性別を問わず参加できた。

たとえばフランスのサロンは貴族が主だったが、日本の連歌の座は本当の民主主義で、加賀千代女《かがのちよじょ》をはじめとする女性の俳人を生んだだけでなく、女性の宗匠《そうしょう》が連歌を主宰することもあった。この当時、女性にそれだけの活躍の場があったということは外国にも例がないし、また庶民がそれだけのことをできたという例もなかったと思う。

太田金左衛門《おおたきんざえもん》（号・白雪《はくせつ》）という三河の庄屋が刊行した『三河小町』（元禄十五年＝一七〇二）の下巻は女性ばかり六十六人の発句集《ほっくしゅう》で、八歳の少女から遊女まで加わっていると別所真紀子氏は指摘する（『芭蕉にひらかれた俳諧の女性史』）。

元来は付け句としてできた、俳句と同じ語形の川柳《せんりゅう》が江戸中期以降に流行したのも、この時代の俳句隆盛に端を発する。雑俳集《ざっぱいしゅう》『武玉川《むたまがわ》』や川柳集『誹風柳多留《はいふうやなぎだる》』はいまでも人気がある。これは日本独特の文化ではないだろうか。

絵画では土佐派《とさは》を代表する土佐光起《みつおき》、琳派《りんぱ》の始祖・尾形光琳《おがたこうりん》が登場している。元禄という言葉からわれわれがイメージする、華やかで絢爛《けんらん》たる文化を代表する画家たちである。

綱吉が学問を奨励したため、学問の世界も活発だった。林家《りんけ》は二代目・林鵞峰《はやしがほう》が林家学塾の組織を整え、それを基礎として学問所（昌平黌《しょうへいこう》）ができ、三代目・鳳岡《ほうこう》が大学頭《だいがくのかみ》に任じられて、以後、林家の世襲となった。儒者が頭を坊さんのように丸め僧形《そうぎょう》であった習慣も、この頃からなくなっている。

元禄よりやや前の時代になるが、満洲族に滅ぼされた明《みん》から亡命してきた儒学者・朱《しゅ》舜水《しゅんすい》が水戸光圀《みとみつくに》を通じて水戸学に影響を与えた。また、山崎闇斎《やまざきあんさい》は神儒一致説を唱え、垂加神道《すいかしんとう》を興《おこ》した。前述した山鹿素行《やまがそこう》も出ている。幕末の尊王思想に影響を与えたこれら水戸学、垂加神道、山鹿素行の軍学が広まったのも元禄時代のことだ。

「赤穂義士」に対する学者たちの反応

元禄時代の大事件といえば、「赤穂浪士《あこうろうし》の仇討《あだう》ち」である。

元禄十四年（一七〇一）に赤穂藩主・浅野内匠頭《あさのたくみのかみ》が殿中《でんちゅう》松の廊下で吉良上野介《きらこうずけのすけ》に斬りつけて切腹させられ、その処分を不服とした家老・大石内蔵助《おおいしくらのすけ》をはじめとする旧藩士が翌年、吉良上野介邸に討ち入って主君の仇を討った。彼らは「赤穂義士《ぎし》」として称えられ、この事件をもとに、人形浄瑠璃《にんぎょうじょうるり》『仮名手本忠臣蔵《かなでほんちゅうしんぐら》』をはじめ、さまざまな芝居や講談が作られた。平和な時代が続き、怠惰《たいだ》に流れる風潮があった時期に赤穂義士が反骨の気概をみせたものだから、世間は大騒ぎしたのである。これに対して、学者たちが示した反応が興味深い。

学者の間には、赤穂義士を批判する意見が多かった。山崎闇斎の高弟の佐藤直方《さとうなおかた》は

「浅野内匠頭が吉良に斬りつけたので、吉良が浅野を斬ったのではない。殿中の大法を犯したので浅野は死刑（切腹）になった。当たり前ではないか」と言う。「恨むのなら吉良ではなく幕府を恨むべし」という意見も出てくる。「文句があるなら赤穂城に立て籠《こ》もって戦うべきであった」という太宰春台《だざいしゅんだい》の議論もあった。

仇討に大いに感激して、「主君の気持ちになって恨みを晴らすのが正しい」という学者もいるにはいた。ただし、これはもっぱら庶民の意見だった。

「吉良が欲張りで浅野をちゃんと指導しなかったのがそもそも悪いのだ。浅野が殿中で刀を抜いたのはよくないが、将軍家に恨みがあったわけではない。喧嘩両成敗《けんかりょうせいばい》がルールなのに吉良にお咎《とが》めがないのは不公平で、大石らが主君の恨みを晴らそうとしたのは当然だ」という主旨で、『忠臣蔵』の芝居のような感じ方、考え方を述べたのは、山崎闇斎門下で最も硬派である浅見絅斎《あさみけいさい》であったのは面白い。

林鳳岡は義挙であるとして義士たちの助命を主張し、荻生徂徠《おぎゅうそらい》は法を枉《ま》げることはできないとしながらも、彼らの体面を重んじて切腹を主張したといわれている。

ここで注目すべきは、乃木希典《のぎまれすけ》大将の意見であろう。

「浅野が吉良に、後ろから肩に斬りつけたのは卑怯《ひきょう》であるし、吉良が振り向くと二の太刀で烏帽子《えぼし》に斬りつけたため、致命傷にならなかったのは拙劣《せつれつ》極まる。もし、どうしても殺したかったなら、正面から向かって腹を突き通せばいいのだ」と井上哲次郎《いのうえてつじろう》博士に語ったことを徳富蘇峰《とくとみそほう》は伝えている。

もし浅野に乃木大将ほどの平常の覚悟があったならば、〝忠臣蔵〟もなかったことになる。乃木大将にそう言われてみればそのとおりで、やくざでもそれくらいの心得はあるだろう。

『忠臣蔵』が大評判になった理由

日本では仇討が頻繁に行われたように思われがちだが、実際はめったになかったというのが本当のところらしい。だから赤穂義士の派手な討ち入りが大評判となり、仇討が美徳のように伝えられるようになってしまったようだ。

私の故郷、山形県鶴岡市の旧庄内藩は江戸幕府による転封《てんぽう》がなかった数少ない藩の一つだから、およそ二百五十年の歴史を持っている。庄内藩の武家の出身だった私の恩師・佐藤順太先生のお話では、その長い藩史のなかで、実際に刀を抜いた仇討ちはたった一件しかなかったという。藤沢周平《ふじさわしゅうへい》の小説では、庄内藩は海坂《うなさか》藩として描かれている。そのほとんどはフィクションだが、そのなかで史実に即しているのが「又蔵の火」という作品で、これが庄内藩でたった一度だけ起こった仇討の話をもとにしている。実際の仇討の数はそれほど少なかった。

私がドイツに留学したとき、言語学のハルトマン教授に赤穂義士の話をしたらドイツにもこの話が伝わっていたらしく、教授も知っていた。ドイツ語圏にも伝わっていたくらいだから、英語圏にも伝わっていただろう。アメリカ軍が日本を占領していたとき『忠臣蔵』を禁じたのは、日本人は非常に復讐心の強い民族だと思っていたからではないだろうか。アメリカには原爆を落とした負い目がある。東京裁判では、アメリカ人の弁護人も「原爆を落とされた以上、日本人には復讐権がある」と言っているから、日本人に仇討の気分を起こさせないように『忠臣蔵』を禁止したと思われる。

ただ、日本人が仇討を重視したのは、日本人は忘れやすく、過去は水に流そうとする傾向があるので、むしろパラドキシカル（逆説的）に仇討を重んじなければいけなかったという説がある。

世の中が平和なときには、そういう話に物凄く人気が集まる。戦国時代に討ち入りのような事件があったって、それは毎日起きていることだからどうということはない。平和な時代だからこその現象だ。

日本の武士が刀という武器を持っていながら、これを戦争以外で使うことは厳禁されていることは、幕末の頃から日本に来た外国人たちがみんな驚いて書き記していることである。それは「江戸時代の平和」（パックス・トクガワナ）で、武士は戦闘者というよりは官僚、役人という機能になっていたからである。日本の警官が拳銃を持っていても撃つことが極めて稀《まれ》なのは、その伝統の名残《なごり》があるからかもしれない。高田馬場《たかだのばば》の堀部安《ほりべやす》兵衛《べえ》（注1）の話も、それが稀な出来事だから有名なのである。

日本の歴史を考える時は、そういうパラドックスを考えなければならない。身近な例では大相撲がある。この頃から相撲の興行が今日の基礎を固めているのだが、なぜ日本人が相撲と相撲番付が好きかといえば、番付が動くからである。強い力士は大関《おおぜき》、横綱《よこづな》と出世していき、弱ければ番付が下がる。

江戸時代は格が定まっている時代で、格というのは動かない。大名でも旗本《はたもと》でも格というものが厳然としてあり、時代が下るほどそれが固定化される。同じ江戸城に勤めていても、ランクによってどこの部屋に入るかが決まっている。勤める部屋が一つ動くだけでも大変な騒ぎになった。町人でも農民でも、もちろん格がきちんと決められていて固定されている。それなのに相撲の番付は実力次第で上下し、毎場所動く。そうなると逆説的に人気が集まるのだ。本当なら、固定化された不動のものが「国技」になって然るべきなのに、まったく逆である。『忠臣蔵』もパラドックスだからこそ、あれほど国民的な物語になったのである。

（注1）**堀部安兵衛**（一六七〇～一七〇三）赤穂義士の一人。本姓中山、名は武庸《たけつね》。義理の叔父・甥の契りを結んでいた菅野六郎左衛門《すがのろくろうざえもん》の果たし合いに助太刀《すけだち》として加わり、多勢の相手方三人を斬り倒した。この「高田馬場の決闘」が江戸で大評判となり、〝十八人斬り〟として講談や芝居にもなった。この武勇を聞いた赤穂藩士・堀部弥兵衛《やへえ》のたっての望みで堀部家の養子となり、吉良邸討ち入りにも参加。彼の残した『堀部武庸筆記』は、赤穂義士研究の重要資料となった。

キリシタンと豪商への迫害

五代将軍・綱吉の元禄時代には、江戸の約二倍にあたる人口が大坂にあったという。徳川氏は、前に紹介した菊池寛《きくちかん》の言葉にあったように、何よりも徳川家の安泰を第一とする神経質な政権であった。明治・大正期の歴史家、竹越与三郎《たけこしよさぶろう》が指摘するように、徳川幕府が貿易の利を捨てて鎖国し、キリシタンを禁じたのは海外の勢力との結託《けったく》を怖れたからである。大坂の役《えき》でも天草《あまくさ》の乱（注1）でもそれを体験した。

浪人に次いで幕府が神経を使った相手が、大坂の商人であったと言われる。三代将軍・家光が大坂に入った時、京都、堺《さかい》、大坂の地租を免じたほか、大坂には特別の配慮をして、豊臣よりも徳川のほうがよいと思わせるようにした。

とくに大坂の淀屋《よどや》は秀吉時代以来、二代目当主・个庵《こあん》（初代）が大坂町人の中心として威信を誇っていた。中之島を市街にし、淀屋橋を造り、米穀の公開市場を作ったのも淀屋であった。ある時、家光が大坂に来て、主立った商人たちの希望を聞いてみると、みんな「苗字《みょうじ》」をほしいと言うので、家光はこれを与えた。ところが、淀屋だけは苗字をほしがらなかった。徳川家としてはこれが面白くない。そんな感情があったところへ、綱吉の時代に大坂三大市場である青物市、魚の干物を扱う雑喉場《ざこば》市、そして米市を一手に握った淀屋が問題となった。

綱吉は母の身分が低く、傍系から将軍になった人だけに傷つきやすいエゴを持ち、嫉妬心・猜疑心《さいぎしん》が強かったようである。彼は水戸光圀の声望の高いのを忌《い》み嫌って隠居を命じた人物である。彼は淀屋の経済力をも忌み嫌った。それで宝永《ほうえい》二年（一七〇五）に、「身分不相応の奢《おごり》があった」ということで闕所《けっしょ》、すなわち財産を幕府が没収したのである。この時の財産は一億二千七百万両に及ぶという試算もある。淀屋は幕府に八十万両を貸していた。

この時の淀屋は五代目と言われるが、まだ十九歳の少年であった。死刑になるところであったが、淀屋は歴代、寺に尽くしていたので、八幡僧正が「貰《もら》い受け」をして助かった。手代《てだい》は斬首《ざんしゅ》、その他関係者五人は獄門にかけられた。これ以後、商人たちは幕府に睨まれないように、との家訓を作るようになったのである。

江戸でも豊かな町人たちが相次いで追放され、財産が没収された。このため、日本の町人たちは役人に対して卑屈になり、明治維新の時に渋沢栄一《しぶさわえいいち》（注2）を嘆かせたのだった。町人が実業家の気風を持つようになったのは、福沢諭吉《ふくざわゆきち》と渋沢栄一のおかげと言ってよい。

（注1）**天草の乱**　寛永《かんえい》十四年（一六三七）から翌年にかけて、肥前《ひぜん》島原・肥後《ひご》天草で起こったキリシタン信徒を中心とした農民一揆《いっき》。幕府のキリシタン弾圧と領主の圧政に対して少

年・天草（益田）四郎時貞《しろうときさだ》を総大将に、およそ四万といわれる農民・浪人が決起。最後は四カ月にわたって島原の原城《はらじょう》に立て籠もり、幕府軍と戦った。島原の乱、島原・天草一揆とも呼ばれる。

（注2）**渋沢栄一**（一八四〇～一九三一）実業家。埼玉県出身。日本の近代資本主義の指導者と言われる。一橋《ひとつばし》家に仕えたあと幕臣となり、維新後は大蔵省官吏を経て第一国立銀行、王子製紙、大阪紡績など数々の会社を創立。財界のリーダーとして活躍した。明治十五年（一八八二）、井上馨《いのうえかおる》とともに海運会社「共同運輸会社」を設立し、岩崎弥太郎《いわさきやたろう》が興した「郵便汽船三菱会社」と競い合ったが、両社は明治十八年に合併、「日本郵船」が発足した。実業家は国家目的に寄与しなければならないとする「経済道徳合一説」を唱えた。

江戸の経済感覚の先進性

鎖国はしたが、日本は細長い国であり、徳川幕府も方々に小領地——天領《てんりょう》という——を持っていた。この天領を司《つかさど》るのがいわゆる代官《だいかん》であるが、代官が徴収する年貢を金銀に換えて江戸幕府に送るのには、大変な手間と危険を伴っていた。

とくに幕府は京都・大坂以南だけでも三十数カ所の天領を持ち、その年貢代金を江戸に送るためには道中で人足《にんそく》や馬を雇い、宿場に泊まりながら運ばなければならない。箱根の山には山賊がいて、その金銀を奪われるということもあった。

ここに一人の天才的商人、三井八郎右衛門《みついはちろうえもん》が現れたのである。

彼は大坂と江戸に店を持って、京・大坂以南の年貢代金を大坂で受け取り、二月《ふたつき》以内に江戸で幕府にその金銀を納めるという方法を発見したのだ。今日でいう為替《かわせ》制度の発明である。

大坂から江戸に動くのは為替の紙であるから運送に手間はかからず、道中の盗賊の心配もない。しかもその六十日の間、三井はその金を大坂で運用して金利を得ることができる。幕府も助かり、三井も儲かるというシステムである。

為替という抽象的な金銭の取引が発生したことは、江戸経済に近代思想を導入したものと言えよう。明治二十七年（一九四八）の日清戦争以前の朝鮮半島では貨幣制度さえ整っておらず、当時の朝鮮半島を訪れた日本の学者たちが「これでは平清盛《たいらのきよもり》か鎌倉幕府の時代の通貨の状態だ」と驚いたという事実と比較してみると、江戸中期以降の日本の先進性がわかる。

これはお金、つまり金銀の動きであるが、物資の動きについても革命的な制度の発明があった。

日本は細長い島であるうえに、その中央部には山脈があるという地勢になっている。だから大坂にしろ江戸にしろ、人口が多くなると米が足りなくなる。秀吉の頃、大坂に武士や町人が多く集まったため、大坂の米が足りなくなった。そこで秀吉は、前田利家《まえだとしいえ》に毎年十万石の米を大坂に送るように命じた。しかし前田は武将だから、そんなことはできない。それで米穀取扱いの中心だった大坂の淀屋个庵に頼んだところ、うまくやり遂げた。これが、淀屋が大坂に威信をふるう基《もと》になった（五代目が闕所《けっしょ》になったことは91ページ参照）のだが、いずれにせよ、こんなことから大坂が米の集まる場所としての地位を確立していった。

さらに寛文《かんぶん》年間に入ると、河村瑞賢《かわむらずいけん》という伊勢《いせ》生まれの天才が出て、奥羽《おうう》の米を江戸に入れる太平洋沿岸航路と、出羽《でわ》の米を下関廻りで大坂・江戸に入れる日本海航路（北廻り航路、北前船《きたまえぶね》）を確立した。

これ以前には、たとえば出羽方面から江戸に物資を送ろうとすれば、まず最上川《もがみがわ》河口の酒田《さかた》に物資を集め、船に積んで現在の新潟県、石川県（能登沖《のとおき》）を廻り、福井県の敦《つる》賀《が》に荷を下ろす。それを馬の背に積んで、七十里の山中を通って琵琶湖の北端の近江塩《おうみしお》津《づ》に出てまた船に積み、大津に着くとまたその荷を下ろし、再び馬の背に乗せて伊勢の桑名《くわな》に運び、ここでまた船に乗せて江戸に送る。いまでは想像もできない煩雑《はんざつ》さで、米などの重いものを大量輸送することなど夢にも考えられなかった。

それが河村瑞賢により、北廻りのものは酒田から一度も荷を下ろさずに下関・瀬戸内海を通って大坂に船で運ぶことができた。もちろん、その途中にある諸国の米も容易に運べるようになった。

河村の働きで、日本は経済的に統一国家になったとも言い得るであろう。竹越與三郎が河村を称賛して、「彼の如きは、宜《よろ》しく歴史に特筆大書せらるべきものにして、その功決して攻城野戦、章典制定に劣るものにあらざるなり」と言ったのはもっともである。

かくして大坂には日本の大部分の地方の米が集まることになった。その大量の米を合理的にさばくために、大坂堂島《どうじま》に米穀取引所ができたのは五代将軍・綱吉の元禄元年（一六八八）であった（幕府に公認されたのは享保《きょうほう》十五年＝一七三〇年）。ここでは世界初の先物取引《さきものとりひき》（futures）が行われていた。

大量に物資を合理的にさばくには、先物取引の必要が生ずる。そのために、英国リバプールにアメリカから送られてくる綿の取引所（Liverpool Cotton Exchange）ができたのは一八八四年（明治十七年）のことであり、日本のほうがざっと二百年の先進性を示していた。

いまでは金はロンドン、他の多くの物産の取引はシカゴで行われている。もし徳川幕府の鎖国政策がなかったならば、日本にアジアの物産の一大取引所ができていた可能性もあったと思われる。

バブルを謳歌した元禄時代

五代将軍・綱吉の時代はひと言で「元禄時代」と言われるように、繁栄の時代であった。小判の吹き替え、つまり金の含有量を減らし、いわゆる悪貨にして通貨量を増やしたが、その富は富商に集まる傾向にあった。

驕奢《きようしや》の理由で闕所になった大坂の淀屋の夏座敷は、天井をガラス張りにして清水を入れ、金魚を泳がせていたという。江戸の豪商・紀伊國屋文左衛門《きのくにやぶんざえもん》や奈良屋茂左衛門《ならやもざえもん》が吉《よし》原《わら》でどんな豪華な遊びをしたかは、いまも伝説になっている。紀伊國屋が節分の晩に、吉原で豆の代わりに小粒（一分金）を撒《ま》いたとか、魚市場の初鰹《はつがつお》を買い占めてそのうちの一匹だけを残して全部捨てさせ、一匹だけ調理させたというような馬鹿馬鹿しい話がいくつも残っている。

また、富商の女房たちが贅沢な衣装比べをして花見に行くと、人々がこぞって見に来たという。石川屋六兵衛《いしかわやろくべえ》の妻は、上野の近くの町屋に金の屏風《びょうぶ》を立て、贅沢な着物を着せた女をはべらせて伽羅《きゃら》の香を焚《た》き、将軍・綱吉が通りかかった時に、金の扇でその香《こう》煙《えん》を煽いでかけさせせた。当人は敬意を表したつもりかもしれないが、豪奢《ごうしゃ》な生活ぶりが幕府に咎《とが》められて闕所追放になった。

こんな話は繁栄のせい、もっと正確に言えば幕府が行った悪貨鋳造によるバブルのせいである。バブルにしろ繁栄は繁栄で、その記憶が「元禄」として長く人々の記憶に残ったのである。そして同じく、いまだに元禄時代のこととして語り継がれるのが「生類憐みの令」である。

綱吉は儒学を好み、「仁《じん》」の尊いことを知り、戦国以来の殺伐《さつばつ》の風俗――たとえば辻斬りなど――を和《やわ》らげようとして、人間が牛馬や犬を傷つけることを禁ずる法律を出したのである。しかし市井には将軍の真意は伝わらず、「将軍に嗣子《しし》ができないのは戌年生まれなのに犬を大切にしないからだ、と護持院《ごじいん》の隆光という坊さんに吹き込まれたのだ」という話になった。

事実、この「生類憐みの令」は何度も出され、だんだん犬に対する刑罰が目につくようになったのは、犬が市中に多かったからであろう。子供が雀《すずめ》を殺したために五百石の旗本の家が潰されたり、犬を傷つけて死刑になる者も出た。犬の戸籍（犬籍）まで幕府の下のほうでは作る。中野の犬の収容所は実に十六万坪、十万匹以上の犬を飼ったという。しかも厚い綿の蒲団《ふとん》を敷き、朝夕、白米に魚などを加えて食わせた。この費用のために、勘定奉行・荻原重秀は関八州《かんはっしゅう》の天領と江戸の町人に特別税を課した。

それだけでなく、悪い奴は「あなたの家では犬（猫でもよい）をいじめたと言って訴えてやるぞ」と脅迫を始めるし、武士の間でも憎い奴を密告する例が生じた。儒学に凝った将軍の「仁政」のために、この将軍が死ぬまでの約二十年間、江戸の住人は武士町人を問わず喪《も》に服しているような状態だったという。

第5章

白石と吉宗の時代

新井白石の登場

「犬公方《いぬくぼう》」と仇名《あだな》された綱吉《つなよし》は疱瘡《ほうそう》にかかって六十二歳で死んだが、これは夫人が暗殺したという話もあるほどで、家督相続《かとく》については綱吉の寵臣《ちょうしん》、柳沢吉保《やなぎさわよしやす》派と甲府の綱豊《つなとよ》(のちの六代将軍・家宣《いえのぶ》)派との隠微《いんび》な争いがあったことが想像される。

この家宣の話がまた面白い。

話は大坂城が落ちた時に戻る。家康は政略結婚として、孫娘の千姫《せんひめ》を豊臣秀頼《とよとみひでより》と結婚させた。大坂城落城の時、千姫を侍女《じじょ》の松坂局《まつざかのつぼね》が蒲団《ふとん》に包んで城の外に投げ、彼女自身は石垣を伝って逃げた。千姫はのちに本多忠刻《ほんだただとき》に嫁《か》したが、忠刻の死後は髪を下ろし、天樹院《てんじゅいん》と号して北ノ丸に入り、三代将軍・家光《いえみつ》の姉として大奥に勢力があった。彼女を落城の時に助けた松坂局は、ずっと天樹院に仕《つか》えていた。

三代将軍が死ぬと、その長男・家綱《いえつな》が四代将軍となったが、彼は跡継ぎがないままに亡くなった。順番から言えば家光の三男である綱重《つなしげ》が継ぐべきであったが、彼も亡くなっており、四男の綱吉が五代将軍になった。

第五代将軍になるべきであった綱重は、最初、伯母《おば》の天樹院(千姫)に預けられて松坂局に養育され、のちに甲斐《かい》の国主になった。この松坂局の侍女と綱重の間に男子が生まれた。これが虎松でのちの綱豊、すなわち六代将軍・家宣である。

綱重の正夫人には子がなかったので、この虎松には順番から言えば将軍継承権があったわけであるが、叔父《おじ》の綱吉（犬公方）が二十九年間、将軍の座にあった。綱吉は嗣子《しし》がないので、娘の夫である紀州の綱教《つなのり》を跡継ぎにしたかったらしいが、彼も亡くなったので、綱吉の甥《おい》の甲府藩主・綱豊（家宣）を西ノ丸に入れたのである。この時、綱豊は四十三歳であり、将軍になったのは四十八歳の時であった。

この綱吉の最後の五年間、叔父・甥の間に波風が立たなかったのは、綱豊の人格と修養のおかげであろう。綱吉は何しろ犬公方と言われるほどの勝手な人間で、犬のために人を死刑にしたり島流しにしたりしたくらいだから、何を言い出すかわからない状況だったのである。綱豊の人格形成には、新井白石《あらいはくせき》が侍講《じこう》（君主に学問を講ずる役職）であったことが大きな影響を及ぼしたと思われる。

新井白石は関ヶ原浪人の子孫でのちに土屋家に仕えたが、同家が廃絶されたあとに時の大老・堀田正俊《ほったまさとし》に仕えた。しかし、彼が殿中《でんちゅう》で刺殺されると浪人に戻り、木下順庵《きのしたじゅんあん》について学問を深める。

加賀の前田家が侍講を推薦してくれるように順庵に頼んだ時、順庵は白石を推薦した。しかし、金沢出身の岡島石梁《おかじませきりょう》がその就職口を望んでいると知ると、白石は彼にそれを譲り、自分の塾で教えるという貧乏浪人に留まることを選んだ。白石の儒学が本物であった証左である。しかし、この決断が白石の幸運に繋がった。

まだ甲府にいた時、家宣（当時、綱豊）が大学頭《だいがくのかみ》であった林鳳岡《はやしほうこう》に侍講の推挙を求めたところ「適任者なし」と答えたので、改めて木下順庵に依頼した。順庵はまた白石を推薦した。これから家宣と白石の約二十年間の親密な関係が始まるのである。

白石は、家宣には堯舜《ぎょうしゅん》（注1）のように儒学で聖人といわれるような名君になってもらおうと全力を尽くしたし、家宣にも好学の気象があった。白石は四書五経《ししょごきょう》のほかに、朱子学派で重んじられた『小学《しょうがく》』と『近思録《きんしろく》』を教えたが、とくに力を入れたのは『資治《しじ》通鑑綱目《つがんこうもく》』（注2）であった。

この本は司馬光《しばこう》の『資治通鑑』を朱子が要約して義例をつけたもので、「名分《めいぶん》を正す」ということを史上の実例で教えたものである。日本でも後醍醐《ごだいご》天皇が学ばれ、北畠親房《きたばたけちかふさ》の『神皇正統記《じんのうしょうとうき》』のもととなったと言われている（妙なことに、終戦の翌々年の旧制中学の国定の漢文教科書では『資治通鑑』を教えることになっていた。「敗戦しても日本の正統である皇室を重んずる心を忘れるな」という文部省の意図だったのだろうか、と私はいまでも不思議に思っている)。

白石はただの漢学者でなく、家宣には各大名家の歴史を教え(『藩翰譜《はんかんぷ》』はその講義案)、かつなぜ日本の政権が家康に移ったのか、その理由をも説いた(『読史餘論《とくしよろん》』)。ともかく、白石は家宣と接している約二十年間のうち約一千三百日は出講していたというから、その親密度は並大抵のものではなかった。

この家宣が将軍になってすぐにやったことは、「生類憐《しょうるいあわれ》みの令《れい》」を廃止することであった。綱吉は最後までこの法令にこだわっており、危篤《きとく》の時になっても、老臣たちに「生類憐みの令は、たとえ弊害があろうと、百年後もいまのように保つことこそ孝というものである」と言った。家宣は綱吉の危篤を聞き、西ノ丸から取る物も取りあえずやってきたが、すでに綱吉は息を引き取っていた。そこで家宣は綱吉の側近で寵臣であった柳沢吉保を呼び、将軍の仏前で大要、次のように言った。

「生類憐みの令は百年後までも保てよ、という前将軍の御遺言《ごゆいごん》ではあったが、この禁令に引っかかっている者は何十万人もいるし、獄中で死ぬ者も少なからずある。御遺令《ごいれい》ではあるが、この禁令を廃止しなければ国中の愁苦《しゅうく》はなくならない。万民の苦しみには代え難《がた》いから、左様みなの者に伝えよ」

これに対して、柳沢吉保も「そのお考えこそ本当の孝行というべきものでしょう」と答え、家宣の前を下がって他の老臣に伝えたのである。

これを聞いて、江戸中の人々は躍り上がって喜んだという。実際にこの禁令廃止によって赦免《しやめん》された者は一万三千人ぐらいと推定されている。家宣の夫人は近衛《このえ》基熈《もとひろ》（関《かん》白《ぱく》・太政大臣《だじようだいじん》）の娘であるが、基熈はその日記にこの禁令廃止について「諸人ノ歓踊《かんよう》比類ナシ」（原文は漢文）と書いてある。

（注1）**堯舜**　堯と舜は徳をもって理想的な仁政を行ったとされる中国古代の伝説上の帝王。儒家によって聖人として崇められ、「堯舜」と併称《へいしよう》される。

（注2）**資治通鑑綱目**　宋《そう》代の史書『資治通鑑』を朱子（朱熹《しゆき》／一一三〇〜一二〇〇）が大義名分論・正統論によって再編集したもの。朱子が史実を要約した「綱」と、門人の趙師淵《ちようしえん》が詳しい注を付けた「目」からなる。成立年未詳。全五十九巻。

「大君」と「日本国王」

家宣の治世は概して良好なものだったと言えよう。また、次の七代将軍・家継《いえつぐ》は七歳で亡くなっている。新井白石はこの二代にわたって補佐した。

家宣は白石を侍講とし、もともと大学者として尊敬していたが、将軍職についてから小判の改鋳《かいちゅう》などについての白石の意見を聞いてみると、意外にも当時の状況を的確に読んでいるのを知って行政面でも白石を重んずるようになり、彼を単なる侍講でなく、筑《ちく》後守《ごのかみ》にしたのである。徳川六代、七代の時代は「白石の時代」と言ってもよいほどであった。

白石は幼少の頃から浪人の時代が長く、民間のなかにあって貧困も経験していたから、当時の幕府の老中《ろうじゅう》たちが見ないところを見、知らないところを知り、考えないことも考えていたのである。元禄《げんろく》以来の悪貨鋳造《あっかちゅうぞう》を廃し、長崎から流出する金銀銅の莫大なことを怖れて長崎貿易を制限するなどした。いまから見ればどうかと思う政策もあるが、当時は卓見《たっけん》とされた。だがそれよりも、儒者が政治の中心にいるとどんなことになるかの例のほうが面白い。

まず、朝鮮通信使の問題である。朝鮮から国王の国書や貢物《みつぎもの》を持ってやってくる「通信使」が日本に来るようになったのは、足利《あしかが》六代将軍・義教《よしのり》の頃に始まるとされる。最初は倭寇《わこう》を抑圧してもらいたいという希望のためと思われるが、その後、豊臣秀吉と明《みん》との講和の使いを経て、四代将軍・家綱の時からは、新将軍の就任の祝賀を名目とするようになった。その際に、徳川将軍の肩書を外交文書でどうするかが問題となった。「将軍」は一高級武官であって、一国を代表する肩書としてはおかしい。それで林羅山《はやしらざん》は「大君」と称することを提案し、幕府もこれを名案とした。しかし、白石はこれに反対した。何しろ、彼は途轍《とてつ》もない学識の持ち主である。白石は次の如く主張した。

「大君は『周易《しゅうえき》』(注1)に最初に出た言葉であるが、これは天子のこととしてある。また、『説文《せつもん》』(後漢《ごかん》の許慎《きょしん》の書いた漢字語源辞典のような本)には三皇は大君なりと書いてありますこれは日本で大君と言えば天皇のことでありますから、将軍家が使うべき称号ではありません。そのうえ、朝鮮では大君を別の意味で使っております。朝鮮では国王の嫡《ちゃく》子を世子《せし》と言い、庶子《しょし》を王子と言い、その王子の嫡子を大君と称するのであります。つまり、大君は朝鮮王の側室から出た孫のことであります。その意味でも、将軍家の称号としてふさわしくありません。ですから将軍家の朝鮮に対する答書では、日本国王と称すべきであります」

それで宗対馬守《そうつしまのかみ》を通じて以後、「大君」を使わぬよう申し入れた。もちろん朝鮮側に異論があるはずはない。双方とも平等に「国王」を使うことになるからだ。問題は、日本の征夷大将軍《せいいたいしょうぐん》が、外国に対して自分を「日本国王」と称してよいかということである。かつて足利三代将軍・義満《よしみつ》はそう称したが、それを非難する声のあったことを白石が知らないはずはない。しかし、白石には彼なりの考え方があった。彼は言う。

「日本の天皇のことを日本天皇と称し、鎌倉・足利の将軍のことを日本国王と称したことは、シナや朝鮮の書物にもよく出てくることであります。『皇』と『王』とはそもそも意味が違います。皇は天に係わるから天皇と称し、王は国に係わるから国王というのです。この二者には上下の差があり、それは天と地ほどの差があります。徳川将軍が自らを国王と称しても、何も怪しいことはありません」

朝鮮からの通信使——朝貢使《ちょうこうし》と言ってよい——は徳川時代初期頃までの日本の学術水準——儒教水準——の低いことを知って、学問のうえでは日本人を軽侮《けいぶ》していた。日本も鎖国以来、外国人が日本に来るのは稀《まれ》であるから通信使を珍重し、尊重する風があった。通信使に漢詩など褒めてもらえば大きな名誉とされた。朝鮮の李朝《りちょう》は完全に明・清《しん》両朝の属国扱いの儒教国で科挙《かきよ》の制度を採用していたから、儒教の重要度が日本とはまるで違う。漢文・漢詩のレベルが当時の日本より高いのは当然であった。

しかし白石は違っていた。彼は種々調査して、通信使接待の儀式その他を簡略にしたのである。通信使はその本質において朝貢使なのであるから丁重にもてなすのは当然であるが、度を越してはならないと白石は考えたらしい。もちろん、朝鮮通信使側は待遇が前例と異なるのを見て不満であり、文句も言った。それについての白石の弁論は圧倒的であった。

通信使の趙泰億《ちようたいおく》らはいずれも相当の学識ある者であったが、儒学に関する知識でも、また漢文・漢詩を書く能力においても議論においても、白石にかなわなかったのである。この問題から見ても、白石の学問が幕府の大学頭より断然すぐれていたことは明らかだ。

（注1）**周易**　周王朝時代に成立。シナ最古の書物と言われる。陰陽説に基づき、宇宙万物の生成・発展・盛衰を説いたもの。周易の原文に「十翼」と呼ばれる附文を加えたものが「易経」。

白石が考えた「天皇と将軍の制度改革」

白石が変えようとしたのは、朝鮮通信使に関する制度だけではない。将軍と武士との関係についても同様であった。これには家宣将軍の岳父《がくふ》、近衛基熙もかかわっている。

基熙が老齢になったので、江戸で娘と一緒になる機会を与えようと、家宣は彼を江戸に招いて伝奏屋敷《てんそうやしき》（朝廷と幕府の間を取り次ぐ武家伝奏や勅使の江戸の宿所）に住まわせた。その本当の理由は、基熙が日本の古典や有職故実《ゆうそくこじつ》に通じた第一人者なので、白石に協力させて制度を変えたいと思ったからである。これは白石の制度癖とよく合った。

たとえば、将軍が天下第一等の大官なのに、平民も着る上下《かみしも》を礼服とするのは野蛮だとして、京都の公家《くげ》の衣裳と同じにすることにしたのもこの時以来のことである。

また大臣、大将の家には中門があり、これが三公《さんこう》（日本では太政大臣、左大臣、右大臣）のことを槐門《かいもん》という理由でもあるということで、わざわざ京都から大工を招いて江戸城にも中門をつくるなどした。

白石が「徳川将軍」を朝鮮関係において「日本国王」と称することにしたのは外交文書上の問題だけでなく、近衛の知識を用いた制度改革にも関係していたらしい。というのは、白石は大名・小名などを天皇に仕えるものでなく、将軍に仕えるものであることを明確にしたかったと思われるからである。彼は家宣に対して足利義満を論じたところで――つまり『読史餘論《とくしよろん》』のなかでこういう主旨のことを言っているのである。

「王朝が衰えて天皇親政が終わり、将軍が天下を支配し、天子を上に立てている。つまり将軍も朝臣であり、将軍の家来も朝臣という形になっている。しかし、どちらも天子の臣下だとすると、将軍の支配を受ける者が将軍をとくに尊《とうと》ぶ理由がなくなるではないか。もし足利義満がシナや日本の制度をよく研究していたならば、天皇に仕える公卿《くぎょう》とその家人以外の日本六十余州の大名・小名、その他の人民はすべて将軍の家来であるというような肩書を作って、日本を支配したであろう。そうすれば足利将軍に対して、官軍の名を用いて反抗する大名もいなくなったはずだ」

これは家宣が亡くなる二年前の話である。家宣が長生きしていたら、白石は実行していたかもしれない。もしそれが実現しておれば、幕末になって尊皇倒幕派の大名が出てくることは不可能に近かったであろうと考えられる。藤田東湖《ふじたとうこ》、会沢正志斎《あいざわせいしさい》らの水戸学の流れを汲む明治の歴史家・内藤耻叟《ないとうちそう》は、白石が幕府の典礼を皇室のそれと同じくしようとしたのは名分を知らないも甚《はなは》だしいことで、「白石の罪を、萬世《ばんせい》に得る所以《ゆえん》なり」と言っている。

シドッチと白石の対話

五代将軍・綱吉の宝永《ほうえい》五年（一七〇八）、屋久島《やくしま》の唐の浦（浦崎《うらさき》）に和服を着て刀を持った西洋人が上陸した。この人物はイタリアのシシリー島パレルモの貴族出身のイエズス会士、ジョバンニ・バティスタ・シドッチである。彼はイエズス会の大先輩、フランシスコ・ザベリオ（ザビエル）の志を継ぎ、宣教師として（教皇使節の役目を与えられていたらしい）日本にやって来たのである。ザベリオと同じく貴族の出であり、イエズス会の教育を受けていた。

イエズス会は宗教改革の波を押し留める働きをし、フランス、南ドイツからポーランドに至る地域の宗教の争いにおいてことごとくカトリック側を勝利せしめるのに絶大な貢献をした修道会である。

この修道会の特徴は、命令さえあれば、殉教《じゅんきょう》を怖れずにただちに死地とも思える危険な土地にも赴《おもむ》くという軍隊的組織であるとともに、プロテスタントとの論争にも負けぬよう、会員には徹底的に学問を修めさせるということであった。

シドッチは上陸するとすぐに捕えられて長崎に送られ、そこからさらに江戸の切支丹《キリシタン》屋敷に送られた。ここで家宣の特命を受けた白石によって、四回にわたる尋問《じんもん》を受ける。十八世紀の初頭、西ヨーロッパでの最高の教育を受けた宗教家と、「鬼」とも言われた日本を代表する天才的学者・白石との対話という実に貴重な東西の交渉が起こった。シドッチはのちに獄中で死ぬので、白石からどのような影響を受けたかよくわからないが、白石の受けた影響は日本の精神史《インテレクチュアル・ヒストリー》のうえから見逃すことのできない大きなものであった。

まず白石は、シドッチが上は天文、下は地理、知らざることのないのに驚嘆した。当時の地球一周の航海術まで発見・実践している西洋人の知識から見れば、鎖国の日本で主として文字の学問を修めていた白石の知識はその足もとにも及ばない。白石はただただ驚くばかりだった。

ところが話が形而下《けいじか》のことから形而上《けいじじょう》のこと、つまり宗教の話に及ぶと、十分啓蒙《けいもう》された白石から見るとシドッチのバイブルの話などは子供の戯言《たわごと》にすぎなかった。たとえば、神《デウス》の戒《いまし》めを破った者（アダムとイヴ）の罪はあまりに大きくて自分では償《つぐな》うことができないので、デウスが自らに誓って三千年後にエイズス（イエズス）として生まれ、その代わりになって罪を償ってやるため磔刑《はりつけ》になったなどというのは赤ん坊に聞かせる話だと思われた。

ノアの方舟《はこぶね》の話でも、デウスはノア以外の人類を溺殺《できさつ》などしないで、みんなを善人にしてやったらよかったのではないか。そんなこともできないで全能の天地創造主などというのはおこがましい。

エイズスの生まれたところは西印度から遠くなく、エイズスの生まれる前のそこの人間は東方の宗教（白石は仏教という）を信じていたという。エイズスの法より、仏教の法のほうが早い。シドッチの話では、キリスト教（この場合、カトリック）には造像《ぞうぞう》あり、受戒《じゅかい》あり、灌頂《くわんじょう》（洗礼）あり、誦経《ずきょう》あり、念珠《ねんじゅ》（ロザリオ）あり、天堂地獄・輪廻報応《りんねおうほう》（キリスト教に輪廻はない）の説があるというが、これは仏教の言うことと同じで、しかも浅薄《せんぱく》なこと甚《はなは》だしく、仏教とは比べものにならないくらい酷い。幕府がキリシタンを厳禁したことは「過防」ではないと白石は結論している。

白石のキリシタン批判は、啓蒙時代以後のヨーロッパでも今日の日本でも珍しいものではない。カトリックで玄義《ミステリイズ》と言われるものはそもそも理屈を超越していることであり、アウグスティヌスの如く「荒唐無稽《こうとうむけい》なるが故に私は信ずる」(credo quia absurdum est) という「信仰」が入らないと話にならないのである。白石は儒者であり、儒学は仏教をも迷信と見るほど啓蒙力のある学問であった。ましてバイブルの話など問題にならぬほど幼稚に思われたのは当然である。

しかし、白石がシドッチとの対話をもとにして書いた『西洋紀聞《せいようきぶん》』は、最初は新井家に秘蔵されていたが、寛政《かんせい》五年（一七九三）に十一代将軍・家斉《いえなり》に献上され、さらに文《ぶん》化《か》四年（一八〇七）以降、写本が作られ、その後の思想に大きな影響を与えたのである。

この「上巻」はシドッチの取り調べの話であり、「中巻」は当時の世界の地理・風俗・歴史である。そして「下巻」がキリシタンの話である。

白石はオランダ人から聞いた話をも参考にしているので「中巻」は客観性も高く、白石がのちに将軍・家継《いえつぐ》に海外事情を説明するために書いた世界地理の本である『采覧異《さいらんい》言《げん》』（漢文体五巻）とともに当時は地理・外国事情を知るための最高の本とされ、福沢諭《ふくざわゆ》吉《きち》の『西洋事情』の先駆となった。とくにシドッチとの話し合いの結果としての「西洋は形而下の学では日本より遙かにすぐれているが、形而上の学においては幼稚」という認識は、菅原道真《すがわらのみちざね》（注1）の言葉と言われていた「和魂漢才《わこんかんさい》」の系譜を受け継ぐ「和魂洋才《ようさい》」の思想のもととなった。幕末の佐久間象山《さくましょうざん》の「東洋道徳・西洋藝（学）術」というモットーなど、白石が西洋の形而下の学問の卓越性を指摘していたことの影響は大きい。

このように白石のシドッチ観は、形而下の学と形而上の学の話で一八〇度異なるが、短いつき合いながら、人格的には白石はシドッチに惚れ込んだと言ってもよいくらいだった。それで白石は、木下順庵の同門の弟子である雨森芳洲《あめのもりほうしゅう》に、シドッチの人柄について、「それは通常になくすぐれていると思われて、いまでも忘れ難い」と語ったという。芳洲はそれを聞いて、「妖人の人を惑わすこと、まことに恐ろしいものがある」と書き記している。芳洲には、シドッチはやはりキリシタン・バテレンの妖術使いに思われたのかもしれない。

シドッチの獄中の世話をしていた老夫婦は、彼の日常に接し、感動して洗礼を受けている。ろくに言葉も通じなかったと思われるのに、無学の老夫婦を改宗させるだけの感化力がシドッチにはあったということである。白石は、シドッチという人間のこの部分を感ずることができた人物でもあった。

（注1）**菅原道真**（八四五〜九〇三） 平安時代の学者・詩人。漢詩・和歌・書をよくし、宇多《うだ》天皇、醍醐《だいご》天皇に重用《ちょうよう》されて右大臣となるが、左大臣・藤原時平《ふじわらのときひら》の讒訴《ざんそ》によって太宰《だざい》

府《ふ》に流され、失意のうちに現地で没した。その死後に多発した天変地異が道真の祟《たた》りとされ、天満天神《てんまてんじん》として祀《まつ》られた。十世紀半ばには道真を祭神として京都に北野天満宮《きたのてんまんぐう》が創立され、現在でも学問の神「天神様」として親しまれている。漢詩文集に『菅家文草《かんけぶんそう》』『菅家後集《かんけこうしゅう》』、編書に『類聚国史《るいじゅうこくし》』『日本三代実録』がある。

白石を追放した吉宗

吉宗《よしむね》ほど「運」に恵まれた人も珍しい。彼は紀州家の四男で、元来、家督を継ぐ立場になかった。しかし五代将軍・綱吉の好意で、越前丹生郡《えちぜんにゅう》で三万石の小大名にしてもらった。その後、本家の紀州家を継いだ兄の死により紀州侯となる。

六代将軍・家宣が病気の時、その子・家継はまだ三歳の幼児であったため、万一のことがあった場合、紀州中納言（吉宗）に将軍家を継がせるようにとの遺命があった。紀州家を継いだ吉宗の評判は実によく、人民を愛し、国中がよく治まっているということが耳に入っていたからである。幼少の将軍を支えてきた間部詮房《まなべあきふさ》も月光院《げっこういん》（家継の生母）も前将軍の遺命どおり、家継が八歳で没すると、円滑に吉宗に将軍職を渡した。

吉宗は自分を大名にしてくれた綱吉に恩を感じていた。それで家宣が重用し、家継にも忠誠を尽くした間部詮房や、首相役として政治を行ってきた新井白石たちを幕府から一掃して、紀州から連れてきた家老三人を幕府の中心にした。つまりは吉宗の「親政」である。そして六代、七代将軍の時代に行われた政策をひっくり返した。

江戸城のしきたりを宮廷のそれに近づけようとしたものは、みんな破棄された。せっかくつくった中門も壊させたのである。朝鮮通信使の待遇のやり方も白石の改革をやめて、もとに戻した。「国王」は再び「大君」になった。幕末にやってきた諸外国が、江戸のことを「大君の都」と言ったのもこのためである。

吉宗が綱吉の時代に戻さなかったのは「生類憐みの令」のみであり、新たに導入したのは武道奨励で、とくに狩を好んだ。吉宗は自分で鉄砲を撃ち、隅田川で鵜《う》を撃ち殺したこともある。頼朝《よりとも》の古式に従ったいでたちをしたという。ある時の狩では狼《おおかみ》一頭、猪《いのしし》十二頭、鹿四百七十頭捕えたというから、享保《きょうほう》頃の江戸周辺の姿が目に浮かぶ。

享保の改革の功罪

綱吉が将軍になったのが延宝《えんぽう》八年（一六八〇）、吉宗の即位が享保元年（一七一六）だから、大まかにいえばおよそ四十年間栄えた元禄風文化が、これで終わりを告げる。

「享保の改革」とか「享保の治《ち》」といわれるものの本質は、要するに新井白石の改革に対する反改革と言ってもよいものであった。

たしかに、吉宗によって江戸城の風紀はよくなったと思われる。たとえば、吉宗は大奥の美人たちの名前を提出させたことがあった。しかしこれは側室を選ぶためでなく、美人と言われた大奥の女性を五十人以上も城から下がらせたのであった。

吉宗が将軍になる前には、いわゆる「絵島《えじま》」事件というものも起こった。

六代将軍・家宣の夫人は近衛出身の女性、天英院《てんえいいん》であったが、七代将軍・家継の生母は月光院で、彼女は江戸の女性であった。美人でもあり、将軍に勧められて学問もやった才女ではあったが、趣味は江戸の下町にあった。それで公卿の娘の天英院とも、白石とも趣味が合わなかった。家宣将軍の死後は、彼女と間部詮房が江戸城の中心である。この月光院の侍女《じじょ》で大奥に力のあったのが絵島で、城外で役者と通じたり、吉原に遊びに行ったりした。これがスキャンダルとなり、死刑・流刑《るけい》・追放に処された者約七十人という。こんな不祥事が、吉宗の時代にはなくなったことはたしかである。

問題の経済政策では、大名から一万石につき百石を献上させたり、新田開発をすすめたりしたので、約十四年で幕府の財政を整理した。これは幕府から見れば大成功である。

しかし、米が増産されると米価が下がる。米を経済の基礎としている武士はそれでは困る。それで吉宗は「米の値段が上がるまでは借金を返す必要なし」ということにする。これは「徳政《とくせい》」と受け取られて、借金を返す者がなくなった。すると金を貸す人もなくなり、金融停止状態となって経済に大波乱が生ずることになった。

そもそも町人を困らせるような政策は、町人に対する武士の権威が高まったということで、武士はそれを必ず称《たた》えることになる。だから、吉宗は名君と呼ばれることにもなった。

享保の改革では、旗本・御家人と札差《ふださし》との間に金銭貸借に関する訴訟が急増していたため訴訟を取り上げず、当事者間の話し合いで解決させる相対済令《あいたいすましれい》が出された。これは旗本や御家人を救済する意味があった。

大名・武士が「お断り」と言えば、町人は借金を取り立てようがない。それで武家の門前で呶鳴《どな》ったり、出かけた時の馬や駕籠《かご》をつかまえて借金返済を迫ったりという風景を生ずることになった。「大名貸し」して「お断り」をくらい、破産する大町人もあったから、三井のように賢明な富商の家は「大名貸し」を禁じたのである。

もちろん、目安箱《めやすばこ》を設けたり、貧しい病人のために小石川養生所《こいしかわようじょうしょ》を作ったり、名将軍と呼ばれるに足ることも吉宗はたくさん行っている。大岡越前守《おおおかえちぜんのかみ》の名裁判が伝説的に残るのもそのせいである。

吉宗が名君たらんと真面目《まじめ》に修養していたことはたしかで、山内幸内《やまうちこうない》という浪人が諫《かん》書《しょ》を奉《たてまつ》って、「紀州一藩を治めるような調子で天下を治めるわけにはいかないであろう」と言った時も怒りを示さず、むしろ誉めてやるだけの度量もあった。

それに何と言っても、吉宗の人気（とくに武士の間での）の理由は彼自身が政治を行ったからである。家宣・家継時代の政治に携《たずさ》わったのは間部詮房にしろ新井白石にしろ、武士の上位に立つ身分の人間ではなかった。間部は元来、能楽師の家の出身であり、白石は二度も主君を替え、三度目に家宣に仕えた人である。

彼らの時代に、元禄時代においてさえ贅沢といわれたものも一般的になったのだが、それでも家督相続絶対の武士たちには、能力で出世した者は気にくわないのである。

吉宗は首相格になる者も置かずに政治を行った。彼自身は修養型の人物であったが、「享保の治」と讃《たた》えられたものも、江戸の町人から見ると別物であった。

家宣夫人の父である近衛基熙は江戸の話を書き残している。そのなかから、享保の改革について二つばかり例をあげてみよう。

「江戸町中困窮。諸大名、小名、町中一つの新造の家なく、すべては萱《かや》と茨《いばら》だけである」
「政道不審、諸氏恨みを含むの時なり」

ただ火災になると茅葺《かやぶき》屋根では被害が大きくなるので、武士の家でも町家でも瓦屋根にさせたのは吉宗の功績である。古川柳にも「名の高い　原を瓦で　おっぷたぎ」とある。

吉宗のあとは前述したように、愚かではあっても家重《いえしげ》が長子相続制度に則《のっと》って跡を継ぐ。この家重の時代に田沼意次《たぬまおきつぐ》が大名に取り立てられ、さらに次の将軍・家治《いえはる》によって老中にまで抜擢《ばってき》され、「田沼時代」と呼ばれるほどの権勢を手にするのである。

第6章

濁《にご》れる田沼と清き白河

田沼意次の再評価

この田沼《たぬま》時代は江戸の歴史上、最も評判が悪く、汚職の時代ともいわれていた。田沼は賄賂《わいろ》を好み、嘘か本当かわからないが、着飾らせた京都の芸者を人形と称して、賄賂として田沼に贈ったという話さえある。

しかし、元禄《げんろく》時代の項で述べたように、その時代に何があったかを調べることによってその時代が判断できると私は考えている。

田沼時代をそういう目で見てみると、まず洋学が栄えたことがわかる。これは吉宗《よしむね》が洋書の輸入を一部解禁した影響だろう。前野良沢《まえのりようたく》や杉田玄白《すぎたげんぱく》がオランダの医学書『ターヘル・アナトミア』を翻訳して『解体新書《かいたいしんしよ》』を刊行した。志筑忠雄《しづきただお》は『暦象新書《れきしようしんしよ》』でニュートン力学やケプラーの天文学を紹介した。それにエレキテル（静電気発生機）や寒暖計をつくった平賀源内《ひらがげんない》のような才人も登場している。

近世日本文学の代表作といわれる上田秋成《うえだあきなり》の『雨月物語《うげつものがたり》』、俳諧《はいかい》の分野では俳画の創始者でもある与謝蕪村《よさぶそん》が登場し、国学では賀茂真淵《かものまぶち》が『万葉集《まんようしゆう》』などの古典を研究し、本居宣長《もとおりのりなが》は『古事記《こじき》』を読み解いて『古事記伝』を著《あらわ》した。塙保己一《はなわほきいち》が日本の史書・文学を収集し、『群書類従《ぐんしょるいじゅう》』として編纂《へんさん》した。仏教では白隠《はくいん》禅師が出て、坐禅を庶民にもわかりやすく日本語で説いた『坐禅和讃《ざぜんわさん》』を著し、石田梅岩《いしだばいがん》を開祖とする石門心学《せきもんしんがく》を中沢道二《なかざわどうに》が広めている。

悪い時代にこれほど楽しくかつ後世に影響を及ぼした有意義なものがいろいろ出るわけがない、というのが私の考え方である。それまで言われていたようには、田沼時代というのは決して悪いことばかりではない。逆に、どう考えてもいい時代だったとしか思えない。狂歌《きょうか》も栄えれば川柳《せんりゅう》も栄えた。いちばん江戸らしい時代ではないだろうか。

そこで私は、かつてこの時代を少し調べて「腐敗の時代」というエッセイを書き、エッセイストクラブ賞をもらったことがある。

そのなかで私は田沼意次《おきつぐ》を、イギリスで賄賂政治家といわれるロバート・ウォルポール（一六七六〜一七四五）と比べてみた。事実上、イギリス初の首相であるウォルポールも賄賂ばかりとっていたと評判が悪かったが、彼も田沼意次と同じく約二十年間、政権の座にあった。田沼時代の二十年間に最も江戸らしい文化が起こったように、ウォルポールの時代にも、それ以前は富と文化の点でフランスに劣等感を持っていたイギリスが、むしろフランスを見下すような豊かさと文化を持つようになった。

ウォルポールの死後、彼には五万ポンド近くの借金が残されており、不動産の大部分は抵当《ていとう》に入っていた。一方、清廉《せいれん》で有名だったウィリアム・ピット、通称小ピット（注1）は公費の助けがあったせいもあって、死後は七千六百ポンドのお金が残されていた。ウォルポールは政策遂行のため、自腹を切って賄賂を政敵に贈っていたらしい。だから洋の東西を問わず、評判と実際の功績とはずいぶん違うのではないかというようなことを書いたのである。

その後、賄賂一点張りの批判だけではない、田沼を評価する本が時々目につくようにはなったが、不思議なことに、私が「腐敗の時代」を書く以前には、『田沼時代』という辻善之助《つじぜんのすけ》（歴史学者。一八七七～一九五五）のすぐれた著作はあったものの、そういった評価を私は目にしたことがなかった。

田沼意次の悪口を書き遺《のこ》した権威ある書物に、肥前平戸《ひぜんひらど》藩主・松浦静山《まつらせいざん》の『甲子夜話《かっしやわ》』がある。これは全三百巻近い膨大《ぼうだい》な随筆集だ。肥前の殿様が当時の裏話や社会風俗などを丹念に書き綴《つづ》ったもので非常に信憑性《しんぴょうせい》があるから、こうした武士の目で見た田沼像が後世の評価に大きな影響を及ぼしたと思われる。

ところが、静山自身も田沼に賄賂を贈ったことがあった。それに対して、「こいつはあまり有能じゃない」と思ったのか、田沼は静山をさほど重く用いなかった。その恨みがあったらしいのだ。そもそも、田沼を批判し、幕政から追放した松平定信《まつだいらさだのぶ》ですら、最初は田沼に取り入って地位を得ているのである。

「雅」と「俗」の文化

ところが最近、私とはまったく別の見地から、田沼時代が江戸時代でいちばん水準の高い時代だったのではないかとする主旨の論文を読んだ。

その筆者は九州大学の名誉教授である中野三敏《なかのみつとし》氏で、谷沢永一《たにざわえいいち》氏の話によれば、日本でいちばんたくさん和本を持っている学者である。この人が言うには、文化を「雅」と「俗」という考え方で見ると、江戸時代の前半はなんといっても「雅」の力が強かった。「雅」というのは堅い学問である。一方、幕末になると「俗」が非常に強くなって、「雅」のほうがむしろ弱くなる。そうして「雅」と「俗」がちょうどうまく混ざり合っている時期が田沼の時代であるという。

「雅」だけの時代は、同じ絵でもどこか冷たい。「俗」ばかりだとあまりに人間臭くて卑《ひ》猥《わい》な感じがする。ところが「雅」と「俗」がほどよく混じった時代というのは、「雅」の絵画にも温かみがある、つまり「俗」なところがある。蕪村の絵がそうだし、池大雅《いけのたいが》もそうだ。逆に、「俗」の代表である浮世絵も、この頃のものが一番水準が高い。鈴木春信《すずきはるのぶ》、喜多川歌麿《きたがわうたまろ》、東洲斎写楽《とうしゅうさいしゃらく》、葛飾北斎《かつしかほくさい》などの時代である。落合芳幾《おちあいよしいく》や月岡芳年《つきおかよしとし》らの〝無《む》惨絵《ざんえ》〟に代表される幕末の毒々しい浮世絵などと比べると、「雅」がある。堅い「雅」の分野でも、前述のように蘭学や国学が栄えている。

一番江戸時代らしい時代だったのではないか、と中野氏は私とまったく違った面から言っておられるのだが、その説明の仕方は実に納得できる。

仮に田沼時代の文化を低く評価すると、享保《きょうほう》の改革以前の元禄時代が高くて、そこをピークにずっと下がっていき、文化《ぶんか》・文政《ぶんせい》の時代に至って初めて再び高くなることになり、グラフにするとラクダのこぶのような形になってしまうと中野氏は言う。そうではなくて、田沼時代という江戸中期にもピークがあり、そこからまた下がっていき、再び文化・文政で高くなるというグラフが一番自然ではないだろうか。

（注1）**小ピット／ウィリアム・ピット**（一七五九〜一八〇六）　イギリスの政治家、首相。一七八三年に二十四歳の若さで首相に就任。父のチャタム伯ウィリアム・ピットも首相

を務めたため、小ピット（Pitt the Younger）と呼ばれる。アメリカ独立戦争後の国家財政の建て直しに取り組み、反フランス革命の立場から対仏同盟を結成するとともに、フランスの混乱に乗じて植民地を拡大。十七年にわたって政権を維持した。

田沼の蝦夷地移民計画

田沼意次は低い身分から伸《の》し上がった。父・意行《おきゆき》は紀州《きしゅう》藩の足軽《あしがる》だったが、藩主・吉宗が将軍になったとき、その小姓《こしょう》としてともに江戸に上り、旗本《はたもと》となった。意次はその嫡男《ちゃくなん》として江戸で生まれた。幼い頃から非常に利発で、また元来、身分が低かったため下々《しもじも》のことがわかるから、身分制度が確固とした時代に頭角を現すにはどうしたらいいかということを彼は考えた。

身分が確定しているということは、大名でも旗本でも、身分さえあればのほほんと暮らしていけるということだ。ところが、国政に参加できるほどの身分に生まれていない人間が「どうしても国を動かしたい」と思えば、貴重な財産の一部を賄賂に使うしかない。逆に言えば、そうまでして役に就こうというような人間ならやる気もあり、仕事もできるのではないか、と思ってもらえるかもしれない。だから賄賂はそう悪いものではない、と田沼は言っていたといわれる。これは一面の真理だと思う。たしかにそうでもしなければ、身分の低い人間は上に知られる方法がほとんどなかった。

田沼は九代将軍・家重《いえしげ》によって大名に取り立てられ、十代・家治《いえはる》のもとで側用人《そばようにん》から老中《ろうじゅう》に異例の出世を遂げた。

田沼は最初、「溜《たまり》の間」というところに入った。溜の間というのは江戸城中黒書院《くろしょいん》にあり、有能であれば将軍とも接触できる親藩《しんぱん》や譜代《ふだい》大名が詰めていた部屋だが、政務に携《たずさ》わるといっても元来は大した仕事はなく、普段はただ控えているだけだ。田沼はそういうところから引き立てられたのである。

田沼は前述のように出自《しゅつじ》が低いため、経済や民間のこともよくわかった。当時、そろそろロシアが北方に姿を現し始めるわけだが、それに対して、田沼は北海道（蝦夷地《えぞち》）の開発を真剣に考えた。最上徳内《もがみとくない》らを調査団として蝦夷に派遣し、現地の地理だけでなく、アイヌの生活・風土まで調べさせている。当時の測量図をみても、現代とそう誤差がないくらいの把握をしている。

さらに田沼は、当時、一番困窮していた被差別部落の人たちを蝦夷に移民させようとした。彼らは住むところが限られ、しかも人口が増えるから、非常に生活に困っていた。

それで被差別民の頭領である弾左衛門《だんざえもん》に命じて、どれくらいの人数が移住可能かを調査させている。その結果、日本中に二十何万人いる被差別民のうち数万人が行けるのではないか、ということになった。

蝦夷に行けば差別もない。明治時代に、島崎藤村《しまざきとうそん》の『破戒《はかい》』の主人公、瀬川丑松《せがわうしまつ》がテキサスに行くような発想である。明治以降、主に佐幕《さばく》藩の武士たちが北海道の開発にあたったが、江戸時代からそういう人たちが行っていれば北海道の開発はずっと進み、いわゆる部落問題も緩和《かんわ》していた、あるいはなくなっていた可能性もある。しかし田沼のこの計画は、実行する前に潰《つぶ》されてしまった。

安永・天明年間の異常気象

手賀沼《てがぬま》を干拓《かんたく》し、水を通して大量の田圃《たんぼ》を作る計画もあったが、利根川《とねがわ》の水がいつもの年の十倍くらいに増水するという不幸もあって成功しなかった。田沼時代は特別に異常気象が続き、それこそ天明《てんめい》の大飢饉《だいききん》が起こった時期でもある。

田沼意次が老中になったのは安永《あんえい》元年（一七七二）だが、斎藤月岑《さいとうげつしん》がまとめた『武江《ぶこう》年表』（東洋文庫）をみると、翌年の冬は隅田川《すみだがわ》が凍結して船が通らない。その翌年も隅田川、利根川が凍り、お堀まで凍って人足《にんそく》を出して氷を砕いたほどだった。安永八年（一七七九）には桜島《さくらじま》が噴火し、しかも大暴風があって江戸にまで灰が降った。翌九年には利根川、荒川《あらかわ》、戸田川《とだがわ》が氾濫《はんらん》。永代橋《えいたいばし》、新大橋も流された。

天明元年（一七八一）、やはり川が凍った。天明二年、七月はじめから毎日地震があり、大地震も起こって、江戸中、壁と瓦が落ちた。津波もあった。門前の茶屋が流された。天明三年は二月に大地震があり、春から晴れた日が少なかった。雨が降り続き、水が出て橋が流れる。七月に浅間山《あさまやま》が大噴火。「天暗く夜のごとし」とある。竹の枝に雪が積もるように灰が降った。奥州《おうしゆう》では大飢饉。「山野道に死骸充満す」。

ついでにいえば、この天明三年（一七八三）の異常気象は世界的なもので、アイスランドではラキ火山が大噴火して九千人の死者を出し、家畜十万頭が犠牲になった。冬はロンドンを大寒波が襲っている。

天明四年、大飢饉。餓死する者、津軽《つがる》で八万七千人、南部《なんぶ》六万四千人。天明五年、日照り、凶作。六年、早春から四月半ばまで雨なく、毎日激しい風が吹いて生きた心地なし。夏は大雨続きで大洪水。

大変な異常気象の連続である。経済改革を進めていた田沼は、この天明六年（一七八六）に失脚した。異常気象まですべて田沼のせいにされたようなものだ。儒学の思想では為政者《いせいしゃ》が悪いと天が怒り、天変地異が起きるということになっているからかもしれないが、田沼にとっては運が悪かった。そして、彼が抜擢《ばってき》して道を開いた松平定信が老中となり、寛政《かんせい》の改革に着手する。

もとの濁りの田沼恋しき

白河侯《しらかわこう》（陸奥国《むつのくに》白河藩主）松平定信は吉宗の孫だから、名門の出である。彼は「寛政異《い》学《がく》の禁《きん》」を出して朱子学以外の学問を禁止し、蘭学者を公的機関から追放して政治批判を許さず、厳しく取り締まった。そのため、海防の必要性を説いた『海国兵談《かいこくへいだん》』の著者、林子平《はやししへい》が処罰され、戯作者《げさくしゃ》の山東京伝《さんとうきょうでん》（注1）、恋川春町《こいかわはるまち》（注2）、版元の蔦屋重三郎《つたやじゅうざぶろう》（注3）らも摘発されて洒落本《しゃれぼん》や黄表紙《きびょうし》、浮世絵が衰えるという時代になった。

ところが、武士たちが書いた歴史では松平定信は名君ということになっている。倹約令を発し、徳政令《とくせいれい》を出して旗本御家人《ごけにん》の借金を棒引きにしたからである。借金を返さなくてもよくなったのだから、それは武士なら喜ぶだろう。しかし、こういうやり方は長くは続かない。

改革と称して倹約を勧め、取締りを強化するのは吉宗が始めたことである。それでも吉宗の「享保の改革」はおよそ三十年続いたが、定信の「寛政の改革」は一七八七年から九三年までの僅《わず》か六年で行き詰まってしまった。この頃になると、ロシアの船が日本近海に頻繁《ひんぱん》に現れるようになって海防を強化したりしているが、これも田沼の蝦夷地開拓計画のほうが本質的な解決策になったと思う。

庶民の間にも、寛政の改革を田沼の腐敗政治と比較して風刺《ふうし》する者が現れた。当時の狂歌に、「世の中に蚊《か》ほど（〝これほど〟に懸けている）うるさきものはなし。文武《ぶんぶ》文武と夜も寝られず」というものがある。大田蜀山人《おおたしよくさんじん》（南畝《なんぽ》）の作といわれる。また、「白河（定信）の清きに魚も棲《す》みかねて　もとの濁《にご》りの田沼恋しき」という定信をからかう歌もできた。

この気分は、日本の高度成長期の料亭政治に繋がるものがあると思う。その際には企業の金もよく動いたから、賄賂のようなものもあっただろう。にもかかわらず、敗戦の焼け跡から日本が復興したのは、政治家が料亭で話し合い、金をばら撒《ま》いて人を動かしたからだ。「赤坂の料亭の女将《おかみ》はみんな政治家の妾《めかけ》だ」などという批判もあった。後世の人が見れば、物凄く悪い時代に思えるだろう。

ところが結果を見れば、経済が奇跡的に復興した。文化面でも、いまも名作と呼ばれるすぐれた日本映画も作られているし、雑誌もどんどん創刊され、マンガ雑誌が全盛を極めるなど、大衆文化が発展した。それがだんだんケチケチした時代になってきた。平成五年（一九九三）に発足した細川（護熙《もりひろ》）内閣が料亭を使わず、ホテルで会合を開くなどと言い始めた頃から、一般のサラリーマンにハッピーなことが少なくなってきたような気がする。

たしかに、昔のような大規模な汚職はなくなったかもしれないが、それでも「あの頃はよかったなあ」と言うサラリーマンが多い。漫画雑誌の編集者など、編集費の予算は天井知らず、好きなだけ使える感じだったという。会社の交際費がふんだんに使えたし、政治家も企業からふんだんに金をもらって、企業に国際的な競争力がつくような政策を打ち出すという情勢だった。

ところがその後、大蔵省（現財務省）の銀行局長の通達一本でバブルが破裂せしめられ、金融機関には対策を立てる時間もなかった。かくして世界の有力銀行リストの一位から十位までのうち八行が入ったことのある日本の銀行群は突如力を失い、債券発行権のある銀行まで潰れ、その後、二十年も不景気が続いている。みんなが「倹約、倹約」

と言い出して、生活がどんどん面白くないものになっているのではないか。

そう考えると、岸信介《きしのぶすけ》や田中角栄《たなかかくえい》の時代が懐かしいという人がいてもおかしくない。自民党から政権を奪った民主党は大衆居酒屋に集まってみせたりしたが、そのときの鳩《はと》山由紀夫《やまゆきお》首相自身は大金持ちだというのに世の中はどんどん貧乏臭くなって、ちっとも楽しくならない。

後世の清く正しい人たちからみれば、政治家が妾にやらせている料亭に集まるなど穢《けが》らわしい話かもしれない。だが、その当時の繁栄が跡形もなくなってしまうと、「もとの濁りの田沼恋しき」という気持ちになるのではないか。田沼時代はそういうものだったと考えられるだろう。

（注1）**山東京伝**（一七六一～一八一六）江戸の戯作者・浮世絵師。江戸・深川の生まれ。北尾政演《きたおまさのぶ》の名で絵師として売り出し、のちに戯作にも手を染め、黄表紙と呼ばれる挿絵《さしえ》入り読み物『御存商売物《ごぞんじのしょうばいもの》』『江戸生艶気樺焼《えどうまれうわきのかばやき》』などが人気を呼び、天明・寛政期の代表的戯作者となった。寛政の改革で『錦之裏《にしきのうら》』をはじめとする洒落本三部作が禁令に触れて手鎖《てぐさり》五十日の刑を受ける。他に、挿絵より文字を中心とした読本《よみほん》と呼ばれるジャンルの『忠臣水滸伝《ちゅうしんすいこでん》』、

随筆『骨董集《こっとうしゅう》』などがある。

（注2）**恋川春町**（一七四四～一七八九）戯作者、狂歌師、浮世絵師。駿河《するが》小島《おじま》藩士で、本名は倉橋格《くらはしいたる》。自ら挿絵を描いた『金々先生栄花夢《きんきんせんせいえいがのゆめ》』で黄表紙のジャンルを生んだ。寛政の改革を風刺した『鸚鵡返文武二道《おうむがえしぶんぶのふたみち》』で幕府から呼び出しを受けるがこれに応じず、ほどなく死亡。自殺したとも言われる。

（注3）**蔦屋重三郎**（一七五〇～一七九七）江戸の出版業者。江戸・吉原《よしわら》の生まれ。吉原大門の前に書店を開き、『吉原細見《よしわらさいけん》』（店ごとに遊女を紹介したガイドブック）が大当たりし、やがて恋川春町と並ぶ武家作家・朋誠堂喜三二《ほうせいどうきさんじ》（秋田藩留守居役《るすいやく》だった）、大田蜀山人、山東京伝らの洒落本、狂歌本などを次々に刊行し、江戸随一の版元となった。企画力と新人発掘にすぐれ、曲亭馬琴《きょくていばきん》や十返舎一九《じっぺんしゃいっく》、浮世絵では喜多川歌麿、葛飾北斎らを世に送り出した。山東京伝の洒落本を出版したことで身代《しんだい》半減の刑を受けたが、その後も東洲斎写楽の役者絵を大々的に売り出して評判をとるなど、意気盛んなところを見せた。

超エリート・松平定信

田沼時代が二十年続いたことは特筆に値する。二十年続けばひとつの時代が形作られ、そして飽きられることもある。吉宗の時代は約三十年続いているから、やはり田沼は中《ちゆう》興《こう》の祖《そ》であるということができるだろう。

ヨーロッパの歴史をみても、ウォルポールの時代がやはり約二十年。イギリスのビクトリア朝期に、保守党のディズレリーと自由党のグラッドストーンがライバルとして理想的な政権交代を繰り返し、イギリスの政党政治を牽引《けんいん》した時代もだいたい二十年。宰相ビスマルクが圧倒的な勢力をもってドイツ帝国を築き上げたのも、三十年足らずだ。力のある人間が二十年から三十年くらい政権を担当すると、一つの時代ができるわけである。

しかし、田沼も元来は低い身分の人間である。これが勢力を振るうのは面白くない。とくに身分が高くて有能な人間には面白くない。松平定信はまさにそういう人物であった。

彼は吉宗の孫、つまり吉宗の次男で文武両道に達した田安宗武《たやすむねたけ》の七男で、奥州白河の松平家に養子に行った人だ。そして将軍・吉宗の孫という血統のうえに、父・宗武の才能を受け継いでいた。白河藩では統治の成果を挙げ、被害が奥羽《おうう》においてとくに酷かった天明の飢饉も切り抜けた。文才もあったことは、自伝的な『宇下人言《うげのひとごと》』や随筆『花月《かげつ》草紙《そうし》』などから明らかである。

彼は自ら幕政に当たる野心を持ち、賄賂をもって田沼に近づいたと言われるが、彼の目的はまさに田沼を失脚させることであった。御三家《ごさんけ》の支持などを得て老中になるや、田沼から五万七千石の領地を奪い――田沼が父を継いだ時は六百石だった――僅かに孫が一万石を継ぐことを許した。田沼追放のやり方はまさに重罪人を追及するような激しさで、その江戸屋敷を取り上げた時は三日で退去するように命じた。田沼とともに老中や寺社奉行をやっていた者は、自分にもその禍《わざわい》が及ぶことを怖れて、「田沼との姻戚《いんせき》関係を絶った」と申し出る者もあったという。

寛政の改革の実態

定信は祖父の吉宗を尊敬し、自分も「享保の改革」のようなものをやろうとした。吉宗が紀州で成功したことも、江戸ではうまくゆかないことが多かった。定信も、奥州白河藩で成功したやり方を江戸でもやろうとした。白河で天明の飢饉に対処した方法は藩士の減禄、倹約、年貢の免除、食糧の緊急移入などであった。しかし田舎と江戸、地方政治と中央政治ではまるで違うのだ。田沼二十年の政治には重商主義的なところがあった。そこにいきなり農本主義的政策を持ち込んでも、もう効かないのである。彼の政権が六年ぐらいでおしまいになったのは、それが理由である。

農本主義者がまずやりたがるのは倹約であり、贅沢《ぜいたく》の禁止である。武士にも、衣服は新調してはいけないし、家も壊れた時以外には建ててはいけないという。町人でも身分不相応な着物を着ている者がいると、奉行所に引き立てた。問題は、誰が「その着物は身分不相応か」を決めるかである。それは幕府の下っ端《したっぱ》役人である。町人はたまったものでない。

町人の持っている羽子板《はごいた》、雛道具《ひなどうぐ》、玩具などに金や銀の箔《はく》を用いることを禁じ、煙管《きせる》にも金銀を使ってはならぬとした。能役者の衣裳にも制限を加えたし、女の着物の値段の上限も定めた。雛人形も八寸以上のものは不可とした。高価なお菓子も禁じたが、ちょうどその頃に初めて練羊羹《ねりようかん》が作られたというから皮肉だ。

当時の役者の年間給与は、尾上菊五郎《おのえきくごろう》や中村歌右衛門《なかむらうたえもん》は五百両、女形《おやま》でも五百両の者もいた。これを米価で比較してみると昭和初年の代表的俳優の収入と同じようなものだ、と歴史家の竹越與三郎《たけこしよさぶろう》は言っている。当時の江戸には芸者が二万人いたが、芸者だけでなく町人の女房も髪結いを雇う時代になっていた。

そんなところで、奥州白河の飢饉対策のような発想で生活を緊縮させたらどうなるか。多くの職人や弟子たちがすぐ失業することになる。それでいまの石川島あたりを一万六千坪ほど埋め立てて、失業者や無宿者《むしゅくもの》を集めて働かせた。一種の強制収容所みたいなものである。

こういうことを、日本は戦時中にもやった。私の父も、金糸を使った品物を売ったというので（私の家は「あぶらや」といって香油、ねり油などのほか、小間物・玩具も扱っていた）警察に引っ張られたことがある。戦時中ということで政府に反感を持つようなことはなかったが、統制緊縮・贅沢追放ということはかすかながら体験した。その頃、こんな政策をやっても失業問題が起きなかったのは、数百万人の働き盛りの男が戦場に出ていたからである。

海防政策における定信の矛盾

定信の時代に、ようやく北方問題がやかましくなってきていた。ロシアの使いのアダム・ラクスマンが、ロシアに漂流した大黒屋光太夫《だいこくやこうだゆう》を伴って根室《ねむろ》まで来て通商を求めるということも起こった。定信も彼を取り調べた。光太夫は番町《ばんちょう》に住まわされて手当てを受けたが、外国の見聞をみだりに語ることは禁じられた。海防に目を開かされた定信は、沿岸諸藩に警備を厳しくするよう命じ、自分も伊豆・相模・房総などの海岸を巡視した。しかし、それを政策に繋げる発想がなかったのである。

すでに田沼の頃に長崎に遊学した林子平は、オランダ人の商館長フェイトからロシアの南下侵略政策の話を聞き、国を憂《うれ》えて十六巻の『海国兵談』を仙台で自費出版した。部数は僅か三十八部だったという。定信は「奇言人心を惑わす」という理由で、林子平を仙台から江戸に檻送《かんそう》させ、のちに仙台で蟄居《ちつきよ》せしめた。

これより先、天明の頃に子平はすでに朝鮮・琉球《りゆうきゆう》・蝦夷の三隣国の地理を述べ、とくに蝦夷地の開拓の重要性を主張した『三国通覧図説《さんごくつうらんずせつ》』を須原屋《すはらや》から出版していた。これは天覧にも供され、御書物所にも上納してあったのに、『海国兵談』とともに絶版にされ、版元は罰金を科せられた。

「細かに思へば、江戸の日本橋より唐・阿蘭陀《おらんだ》迄《まで》、境なしの水路なり」という有名な言葉で始まる『海国兵談』は、江戸沿岸の防備と江戸湾に外国船が入る怖れがあることを指摘した最初の本であり、六十年後の状況を的確に予言していたことになる。版木《はんぎ》も没収された子平は「親も無し　妻無し子無し　板木《はんぎ》無し　金も無けれど　死にたくも無し」と歌を詠《よ》み、六無斎《ろくむさい》と号して五十五歳で不遇のうちに亡くなった。

ここでおかしいのは、海防重視を唱えた定信の態度である。海防が大切だというなら、それを明らかに説いた子平の本を普及させて、みんなの国防意識を高めさせ、海防の具体策を考えるべきだったのである。『海国兵談』の禁止は、伝染病の危険を怖れながら、その伝染病に関する知識の普及者を罰すると同じく明白な矛盾である。定信のような教養人が、国家のことになるとかくも愚劣になるのは、鎖国という人工の〝ガラパゴス的〟楽園国家で、血筋のよさだけで政治を司《つかさど》るというシステムの生んだ病気であろう。

『海国兵談』の絶版と並んで定信が取り締まったのは「書物草紙の類」で、これにより山東京伝は手鎖五十日、版元の蔦屋重三郎は身上《しんしょう》半減闕所《けっしょ》（財産の半分を没収）、とされた。一枚絵の版行《はんこう》も駄目。書物は古来あるもので十分なはずであるから、新規の書物も駄目。また、作者不明の書物の売買も禁止である。そういう定信自身は本を書いているのだから、いい気なものである。

「寛政異学の禁」の背景

さらにけしからぬのは、「寛政異学の禁」である。

定信は漢学も修め、和歌にもすぐれていた。「心あてに見し夕顔の花散りて　訊《たづ》ねぞ迷ふたそがれの宿」という彼の和歌は京都にも知られ、公卿《くぎょう》たちが彼を「たそがれの侍《じ》従《じゅう》」と呼んだことを彼はこのうえない名誉と思っていた。それほどの学問・教養のある彼が行う学問政策は学問のあり方に矛盾すること、彼の海防思想みたいなところがある。

幕府の儒学は家康が林羅山《はやしらざん》を顧問として以来、代々林家《りんけ》が大学頭《だいがくのかみ》として朱子学を官学の中心としてきた。幕府の儒者も新井白石《あらいはくせき》や室鳩巣《むろきゅうそう》までは朱子学中心であったが、八代将軍・吉宗は白石とその業績を一掃するとともに、朱子学反対の荻生徂徠《おぎゅうそらい》を用いた。

この頃になると日本の儒学研究も進んで、陽明学《ようめいがく》の中江藤樹《なかえとうじゅ》も出るし、熊沢蕃山《くまざわばんざん》も出るし、京都には先に述べた伊藤仁斎《いとうじんさい》やその長男・東涯《とうがい》も出て、朱子学だけということではなくなっていた。吉宗は学派にこだわらないどころか、蘭書を読むことも許した。吉宗のあとの田沼時代は、さらに自由であった。しかし、多くの学者が自由に学派を建ててお互いに批判し合うことに反撥《はんぱつ》して正学、つまり朱子学に統一すべきであるという学者も出てきていた。

頼山陽《らいさんよう》の父の頼春水《しゅんすい》は、広島藩の儒者として藩校を朱子学に統一した人であるが、彼は定信がまだ白河侯の頃に会って、正学に統一すべきことを進講している。朱子学は統治者に独特の魅力があると見えて、李氏朝鮮ではそれだけになってしまった。朝鮮の事情とは関係はなかったが、定信には「学が一つでなく正統がないと、もろもろの弊害が起こる」という朱子学者の考えに同感するところがあった。それで老中筆頭になった翌年の天明八年（一七八八）に、柴野栗山《しばのりつざん》を召し出した。

栗山は讃岐《さぬき》高松の人で、江戸で林家に、のちに大坂で学び、阿波《あわ》の蜂須賀《はちすか》家に四百石で召し抱えられ、当時すでに知命《ちめい》（五十歳）の齢を二つ三つ越した碩学《せきがく》であった。定信は栗山の勧めもあり、正学統一派の意見に傾いて寛政二年（一七九〇）、「異学禁制」の指令を大学頭・林信敬《のぶたか》（錦峯《きんぽう》）に出した。大要、次の如くである。

「朱子学は慶長《けいちょう》以来、歴代の将軍が信用してきて、林家に学風の維持を委託してきた。油断なく正学に励んで門人を取り立ててきているはずのところ、近頃、新規の説を出し、異学流行して風俗を破る者があるのは、全く正学衰微のためで、怪《け》しからぬことである。門人の中にも学術純正でないものがあるやに聞くが、聖堂では厳重に取り締まるべきである。柴野彦助《ひこすけ》（栗山）、岡田清助《おかだせいすけ》（寒泉《かんせん》）（注1）にもこのことを申し付けたから、よく話し合って、必ず門人に異学を禁じ、他門の者とも申し合わせて正学を勉強させ、取り立てるようにしてもらいたい」

林家七代の錦峯はこの定信の指令に対し、「恐れ入った」と言ってその指示に従うようにしますと答えている。もっとも、その二年後には異学禁制には反対の書を奉《たてまつ》っているが、定信は意見を変えなかった。そのうち錦峯が若くして亡くなり、林家の血統が絶えたので、定信は美濃《みの》岩村《いわむら》藩主・松平《まつだいら》乗薀《のりもり》の三男、乗衡《のりひら》（のち衡《たいら》）が定信の命令で林家を継ぎ、林述斎《じゅつさい》と称した。

定信は柴野栗山の他に、古賀精里《こがせいり》を肥前佐賀《ひぜんさが》から、尾藤二洲《びとうにしゅう》を伊予川之江《いよかわのえ》から招いた。これがいわゆる「寛政の三博士《はかせ》」であるが、いずれも大坂にある片山北海《かたやまほっかい》（注2）の混沌《こんとん》詩社《ししゃ》で研究した人たちである。頼山陽の父の頼春水もここの出身である。皮肉なことに、定信が江戸の聖堂で朱子学を振興しようとしたら、江戸には朱子学を専攻した学者がいなくて、すべて関西から招くことになったのであった。

ここで、当時の学問のあり方を示す一つの事実がある。

「朱子学を正学とし、異学を禁ずべし」と最初に強く主張したのは西山拙斎《にしやませっさい》である。柴野栗山が彼の意見に同意して定信を説得し、定信が政治力で禁制を実行したという図式になる。その一番の震源であった拙斎は備中鴨方《びっちゅうかもがた》藩の人で、大坂に出て学んだ。徳島の蜂須賀侯が三百石で招いたが辞退し、金沢の前田侯も招聘《しょうへい》したがこれも辞退している。

幕府の学問所にも入らなかった。伊藤仁斎とその子供以外にも、当時の学者には高禄で招かれても応ぜず、一処士として自由に学問することを選ぶ者があったのである。

当時の日本には、朱子学以外の学風で一家を成す学者が多く、定信・述斎の行った禁制は一時、「衆怨《しゆうえん》の府」となり、筑後《ちくご》の大儒《たいじゆ》、亀井南冥《かめいなんめい》の如きは憤死《ふんし》したと言われる。しかし「生類憐《しようるいあわれ》みの令《れい》」が江戸以外ではあまり守られなかったことと似て、江戸の林家以外には、統制は完全には及ばなかったようである。親藩の尾張《おわり》藩は折衷《せつちゆう》学派というべき細井平洲《ほそいへいしゆう》を藩儒《はんじゆ》として四百石の禄を出し、また平洲は上杉鷹山《うえすぎようざん》に招かれて米沢でも教えている。私の郷里の庄内の酒井藩は、徂徠学を奉じていた。しかし、多くの藩は幕府の意見を尊重したため、朱子学以外では諸侯に仕《つか》える就職口がなくなった場合が多い。

ここでも皮肉なことが起こる。幕末に天下が騒然とした時、各藩において身を捨てて事に当たろうとした朱子学者はほとんどなく、それは「異学」で心を鍛えた者たちだった。

ただ、林家の林述斎も後世に残る仕事をしている。それは書物の編纂《へんさん》事業で、その主なもの二つを挙げれば、まず『寛政重修諸家譜《かんせいちようしゆうしよかふ》』がある。これは一千五百三十巻からなる大名と幕臣の詳細な系譜と略歴であり、述斎が指導的立場にあった。イギリスでは貴族の家系に関する詳細な本が出版されているが、日本でも近世にこのような大きな資料が作られたことは称《たた》えられるべきである。

もう一つは、シナではもうなくなっていて日本にのみ伝わっている古書を『佚存叢書《いつぞんそうしょ》』として刊行したことである。そのなかには『古文孝経孔伝《こぶんこうきょうこうでん》』もある。これは、元来は孔子十二世の孫の孔安国《こうあんこく》が漢《かん》の景帝《けいてい》の末頃、孔子の旧宅の壁のなかから出た孝経に注を施したものとされる。これはのちに失われたが、隋《ずい》の時代に孔安国注と称する偽書が出た。孔安国のものでないにせよ、隋の時代の書物ですこぶる古く、シナ大陸では失われていたものである。

述斎はこのような超稀覯書《きこうしょ》十数点を古寺や足利学校《あしかががっこう》から借り出して刊行し、のちにはシナでも翻刻《ほんこく》された。シナにもなくなった古書がいくつも日本に残っていたということは、江戸の漢学者に大きな自信を与えたと思われる。「異学の禁」ということをやったにせよ、述斎が林家の中興の祖と称されているのも不思議ではない。

また直接の幕府の仕事ではなかったが、御三家や前田、細川、蜂須賀、藤堂《とうどう》などの大藩に『群書治要《ぐんしょちよう》』などの大きな出版事業をやらせたことも、述斎の力と言ってよいであろう。もちろん、林家の聖堂学舎（私学）を幕府の学問所（官立）とし、三百点以上の本の官版を出して学問普及に努めたことも述斎の功績である。

（注1）**岡田寒泉**　江戸生まれの儒学者。寛政元年（一七八九）、柴野栗山に続いて松平定信の登用を受け、小普請《こぶしん》から幕府儒官となり、寛政異学の禁を推進。定信が退いたあとは、常陸国《ひたちのくに》の代官を務めた。古賀精里の代わりに、寒泉・栗山・二洲の三人を「寛政の三博士」ということがある。

（注2）**片山北海**　江戸中期の儒者・漢詩人。越後国《えちごのくに》の農家に生まれ、のち京都に出て、大坂で塾を開く。混沌詩社は北海を盟主とする漢詩のサロン的学問所で、明和《めいわ》元年（一七六四）に結成された。

第7章
開国への急流

江戸文化の爛熟期

松平定信《まつだいらさだのぶ》は、十一代将軍・家斉《いえなり》が若年のため老中首座《ろうじゅうしゅざ》に任命され、寛政《かんせい》の改革を行ったわけだが、あまりに厳格すぎるということで、次第に家斉と定信は対立し、寛政五年（一七九三）に定信は罷免《ひめん》され、寛政の改革が終わりを告げる。

その後は締めつけが緩み、世の中はまた自由になった。これが徳川政権最後の平和な時代といえるだろう。家斉は長期政権で、その治世《ちせい》は天明《てんめい》七年（一七八七）から天保《てんぽう》八年（一八三七）だから、約半世紀にわたって一人の将軍が在位したわけである。

しかもこの将軍は、十二代将軍職を家慶《いえよし》に譲って西ノ丸に隠居してからも「大御所《おおごしょ》」――家康が駿府《すんぷ》に隠居してからの名称であった――として政治の実権を握っていたから、一人の将軍が五十数年間、実権を振るうという超長期政権になった。また、この将軍には側室が四十人もいて、次から次へと五十五人も子供を作ったといわれる。この頃の大奥関係の雰囲気は、小説家の想像力によって描かれたもののほうがよく伝わるような気がする。松本清張《まつもとせいちょう》の「かげろう絵図」などが時代の理解に役立つであろう。

この間に、江戸文化の爛熟期《らんじゅくき》が現出した。世に言うこの文化《ぶんか》・文政《ぶんせい》の時代に、江戸文化はおおいに栄えた。十返舎一九《じっぺんしゃいっく》の『東海道中膝栗毛《とうかいどうちゅうひざくりげ》』や、曲亭馬琴《きょくていばきん》の『南総里見八犬《なんそうさとみはっけん》伝《でん》』が刊行され、前述した『偐紫田舎源氏《にせむらさきいなかげんじ》』の柳亭種彦《りゅうていたねひこ》らが活躍する。江戸末期の文学が非常に栄えた時代である。

家斉治世の初め頃には松平定信の「異学の禁《いがくのきん》」などがあったが、一方、国学では本居《もとおり》宣長《のりなが》が『古事記伝《こじきでん》』を完成させ、盲人塙保己一《はなわほきいち》が『群書類従《ぐんしょるいじゅう》』の正篇一千二百七十七種を刊行。続篇二千百三種は彼の死の翌年に完成した。驚嘆すべき史料編纂《へんさん》事業であった。

古川柳《こせんりゅう》に「番町《ばんちょう》で　目明《めあ》き　めくらに物を聞き」とあるのは、彼が麹町《こうじまち》六番町に和学講談所を設立し、講義や会読をしたからである。彼の講義中、行灯《あんどん》の火が消えたので、弟子が「灯が消えたので待ってください」と言ったら、彼は「目明きは不自由なものだのう」と言ったという話が残っている。

塙保己一の例でもわかるように、農民出身の目の不自由な人間にも江戸時代には活躍の場があったことは注目に値しよう。金融などでも、盲人は特別な配慮を幕府から与えられていたのである。

一方、水戸光圀《みとみつくに》が編纂を始めた『大日本史《だいにほんし》』は、吉宗《よしむね》の時代に紀伝《きでん》の部二百五十巻が完成し（すべて完成したのは明治三十九年＝一九〇六年で三百九十七巻）、幕府に献上されていたが、民間でも頼山陽《らいさんよう》の『日本外史《にほんがいし》』が完成した。漢学の発達に刺激されて国学が起こり、国史への関心が高まったことは、幕末の政治情勢にも大きな影響を与えることになる。

蘭学と町人に対する憎しみ

家斉は将軍職に就くと、松平定信を筆頭家老にして反田沼政策、つまり寛政の改革を行ったわけだが、たった六年で定信の改革は終わりを告げ、淫風滔々《いんぷうとうとう》たる時代が四十年も続いた。すると幕府内の風紀まで乱れたというので、同じ家斉の時代にまたも改革を起こす人が出てくる。それが、家斉の晩年に老中になった水野忠邦《みずのただくに》である。

彼は幕府高官の人事を大刷新するとともに風俗取締りを強化し、芝居小屋を江戸の中心から郊外の浅草に移転させ、寄席《よせ》を廃止するなどして庶民の娯楽を制限した。歌舞伎役者の七代目・市川團十郎《いちかわだんじゅうろう》は江戸追放、人情本作者の為永春水《ためながしゅんすい》や柳亭種彦《りゅうていたねひこ》も風紀を乱したということで処罰された。

このいわゆる天保の改革は天保十二年(一八四一)に始まったが、すでにその七年前に老中になった水野忠邦は就任三年後に、林述斎《はやしじゅっさい》の二男で旗本《はたもと》の鳥居《とりい》家の養子になっていた鳥居耀蔵《ようぞう》を使って「蛮社《ばんしゃ》の獄《ごく》」を行い、渡辺崋山《わたなべかざん》、小関三英《こせきさんえい》、高野長英《たかのちょうえい》らを死に追いやったばかりか、砲術の専門家として幕府に重用《ちょうよう》されていた高島秋帆《たかしましゅうはん》をも一時投獄・追放させた。幕末・開国が迫ってきた頃に、日本の蘭学のリーダーともいうべき人物多数を失ったのは日本の大損害であった。

鳥居は何と、明治六年まで生きていた。彼は儒学の家に生まれたので、洋学者には燃えるような嫉妬《しっと》と憎悪を持っていたのである。水野忠邦は彼に江戸町奉行、勘定奉行《かんじょうぶぎょう》勝手方《かってがた》を兼ねさせ、彼と渋川六蔵《しぶかわろくぞう》（敬直《ひろなお》）、後藤三右衛門《ごとうさんえもん》を手足とし――この三人は「水野の三羽烏《さんばがらす》」と言われた――改革を強行するのである。

では、天保の改革とはどのようなものであったか。

もちろん、改革の動機は幕府財政の困窮と大奥の粛清・緊縮であった。天保十二年に大御所・家斉が亡くなり、実権が家慶に移ると、水野忠邦は直ちに、西ノ丸の家斉について汚職・腐敗を極めていた若年寄《わかどしより》以下、一千人近い者たちを処罰し、「将軍・家慶公はとりわけ享保《きょうほう》（吉宗）、寛政（定信）の御趣意《ごしゅい》に違《たが》わざるように思《おぼ》し召《め》される」と言って、城の内外における綱紀粛正と改革を断行したのであるが、一番目につくのは町人への弾圧である。

禁令は切りがなく細かい。立派な家屋、高価な菓子、十両以上の石燈籠《いしどうろう》、羽子板、八寸以上の人形、女の髪結《かみゆ》い、女の遊芸師匠、人情本、派手な看板、羽二重《はぶたえ》、縮緬《ちりめん》、繻子《しゅす》、唐物《とうぶつ》（舶来品）などなど、少しでも文化や高い生活水準の匂いのするものは全部禁止である。贅沢《ぜいたく》な着物を着た町人は路上で役人に脱がされた例もあったというから、まさに追剝《おいは》ぎである。農村に対しても、江戸菓子を売ったり作ったりすることを禁じた。俳優が市民の間に住むことを禁じ、市民の宴席に出るのを禁じ、舞台の衣裳や道具にも制限を課した。また地方では、江戸から来た俳優に上演させてはいけないとした。まさに「法令雨下《ほうれいうか》」であった。

さらに水野忠邦は、十組問屋《とくみどんや》（大坂・江戸間の荷物運送の株仲間組合）の特権を廃止し、誰でも江戸・大坂間の商業取引きが自由にできるようにした。これは一見、英断に見えるが、商業と商人に対する嫉妬と憎悪からのみ出た政策で、代案がなかった。

こうした制度は江戸開府以来、自然発生的に二世紀もかけて発達したものであるから、それを一挙になくすると貨物は動かなくなり、金融は止まり、取引きに規律がなくなり、物が少なくなって物価が上がり、みんなが困った。江戸は当時、世界でも人口最大の都市の一つになっていた。その人口を養うのに自然に出来上がっていた制度があったのである。

かくして「天保の改革」は二年足らずで終わり、水野は失脚した。

彼の商人に対する憎しみは大きく、江戸を家康の頃の葦原《あしはら》にしてもよいから豊かな町人どもを潰《つぶ》し、贅沢をなくさせる決心だったのである。その憎しみは町人にも伝わっていた。それで水野失脚のことが伝わると、数千人とも言われる群衆が彼の屋敷に押しかけて石を投げたので、兵を出してようやく家が破壊されるのを防いだのである。

この時、逮捕された民衆を裁くことになった北町奉行の鍋島内匠《なべしまたくみ》は、「おまえたちは火事と思って早速駆けつけたのである。誉めてとらすぞ」と言って全員を放免した。当時、幕府にあっても鍋島のこの処置を非難する者はなく、「彼は臨機応変の才能があった」と評判がよかったという。

「天保の改革」失敗の理由

ここで注目すべきことは、吉宗の「享保の改革」は三十年も維持されたのに、定信の「寛政の改革」は六年で潰れ、水野の「天保の改革」は二年余で潰れたことである。

綱吉《つなよし》から吉宗までが約四十年、吉宗から定信まで（その間に田沼時代を挟む）が約四十年、定信が退いてから水野の改革までが約四十年。約四十年ごとに「改革」をやったが、それが通用する期間はどんどん短くなっている。

その第一の理由は、これらの改革は基本的に反商業、反町人であったからである。町人いじめにもかかわらず、その間にも経済の発達、生活水準の向上はとまらなかった。したがって元禄《げんろく》時代の町人を潰すやり方では、文化《ぶんか》・文政《ぶんせい》の問屋は潰せなかったのである。

さらにもう一つの失敗の要因は、「改革」をやった中心人物の身分と人格である。

吉宗は紀州からやってきたが、神君《しんくん》と呼ばれた家康の曾孫《ひまご》（孫の子）である。しかも彼の身分としては稀《まれ》にみるほど倹約・清潔で、国事に熱心であった。定信は他姓になったが、その吉宗の孫であり、教養もあった。経済政策は成功しなかったが、彼が早く幕《ばっ》閣《かく》を退いた理由には、皇室との関係（いわゆる尊号《そんごう》事件。２０３ページ参照）もあった。

水野忠邦は元来が肥前唐津《ひぜんからつ》六万石の藩主の出身であり、吉宗や定信のような「血筋の権威」に欠けていたから、彼は無理をして出世する必要があった。十一代将軍・家斉の側室、お美代《みよ》の方《かた》（中野石翁《なかのせきおう》の養女）におべっかを使い、賄賂《わいろ》を使い、これによって官職を得、さらに老中になるため国替えしてもらって浜松に移り、ついに老中になったのであった。

そして自分の地位の安泰のために、菓子舗・風月堂の美人の娘を養女として、家斉に勧めて側室にしている。しかも家斉の死後、改革にとりかかるや、風月堂の娘を利用して大奥のことを探索し、お美代の方以下の側室を大奥に幽閉《ゆうへい》したり、江戸市中のことは風月堂などを用いて情報を集め、スパイ政治もやった。

そもそもスパイ政治は、吉宗が元来は植木職だった者を「お庭番《にわばん》」という隠密《おんみつ》にして密偵《みってい》政治をやったのが始まりであるが、緊縮・倹約政策を進める政治体制がスパイを使うのは、二十世紀に革命を起こした社会主義政権がスパイ好きなのとどこか似通っている。

しかし水野の場合、賄賂を使わなければ政治に対する志《こころざし》を実行できなかったという幕府の体制があったことについては同情すべき点があった。水野自身の頭がよかったことは、水戸藩主・徳川斉昭《とくがわなりあき》（烈公《れつこう》）の命で藤田東湖《ふじたとうこ》が十数カ条のお伺いを一度述べると、その順序どおり間違いなく指示を与えて東湖を驚かせたことによってもわかる。所司代《しょしだい》として京都にいた時は、公卿《くぎょう》文化を吸収もしている。彼にしてみれば、賄賂を使ってでも何をしてでも権力の座につきたかったのである。

最悪のタイミングだった「ペリー来航」

水野忠邦失脚の十年後の嘉永《かえい》六年（一八五三）に、アメリカのペリーが黒船で浦賀《うらが》に来航した。これは何といっても大事件であった。

それまでにも、文化元年（一八〇四）にロシアのレザノフが通商を求めて長崎に来航したり、同五年（一八〇八）にイギリスの軍艦フェートン号が長崎に侵入したりする事件があった。にもかかわらず、幕府は文政八年（一八二五）に異国船打ち払い令を出したりするだけで、真剣に対処してこなかった。ところが、ペリー提督《ていとく》の開国要求は強硬かつ執拗《しつよう》だった。幕府は対処しきれなくなって、諸大名に相談する。このときの老中首座は備後福山侯《びんごふくやまこう》の阿部正弘《あべまさひろ》だったが、これは徳川幕府としてはやってはならないことだった。そもそも鎖国をしたのは幕府なのだから、開国しようと思えば勝手にしてしまえばよかった。ところが、それができなかったのである。

阿部伊勢守《いせのかみ》正弘は、決して暗愚《あんぐ》な人物ではなかった。鹿児島・薩摩藩の相続の問題があった時も、島津斉彬《しまづなりあきら》を藩主にすることに成功した手腕を持っていた。しかし、水野のあとを受けて老中になった時はまだ二十代中頃の青年であり、水野の蘭学迫害の時代にあって、外国のことを学んだり、外交の方針を考えたりする機会もなかったのであろう。関心の中心は、「天保の改革」でガタガタになった秩序の回復である。そんな時に黒船が来て、天下騒然となったのだ。

泰平の眠りをさます上喜撰《じょうきせん》（銘茶の名で、〝蒸気船〟にかけている）
たった四杯《しはい》（四隻）で夜も眠れず

という狂歌にあるように、町人・農民までも夜も眠れなくなって騒ぎ出したのだ。あらかじめ対外政策を考えていなかった阿部は、ペリーが来航して国書を呈出し、通商を求めた時、浦賀奉行に、国法に基づき長崎に回航を求めさせたが、ペリーが言うことを聞かないとわかったので策に窮したのである。それで阿部は、その三日後の六月六日に幕臣の登城を命じて会議をし、アメリカの国書を受け取ることに決めた。そしてアメリカからの国書の翻訳ができると、六月二十二日に死んだ十二代将軍・家慶の喪《も》を秘したまま、七月一日にアメリカの国書を訳したものを諸大名・小名に示して、その意見を求めることにしたのである。

相談されたほうの大名たちは勝手なことを言い始める。そのおかげで、国政を合議制で決定しようという「公議輿論《こうぎよろん》」の考え方だけが広がり、幕府の権威を下げる結果に繋がった。

阿部正弘は、本当に内憂外患《ないゆうがいかん》の時に幕府の責任者になったのであった。この頃、日本近海に現れたのはペリーだけではない。ロシア、フランス、イギリス等々がやってきていたのである。そのうえ、ペリー来航の前年には江戸城は二度も火事を起こしているし、次の年には皇居が炎上し、その次の年には江戸に大地震があり、死者二十万人と言われている。「正気歌《せいきのうた》」(注1)でいまも知られる藤田東湖が死んだのもこの時である。城の火事、皇居の火事、江戸の地震など、その復興事業はみな幕府の責任になるのだ。

その一方、島津斉彬の娘・篤姫《あつひめ》を十三代将軍・家定《いえさだ》の室《しつ》に入れ、有力大名と将軍家の和を図った。そして人材をしきりに登用した。勝海舟《かつかいしゅう》もその一人である。講武所《こうぶしょ》(砲術を含む武芸調練場)を開き、海軍伝習所を開き、洋学所(のちの開成所)を開き、「日の丸」の旗を日本総船印《そうふなじるし》、つまり国旗と決めるなど、実に多くの開明的な策を進めた。

最初、海防策を水戸藩主・徳川斉昭に問うていたが、次項に取り上げるジョン万次郎《まんじろう》(中浜《なかはま》万次郎)を普請役格《ふしんやく》として召出して直接、アメリカの情報を手にすることができた。

万次郎の知識があまりに卓越していたために、斉昭は彼をスパイではないかと疑ったという。しかし、幕府の政策としては万次郎から得た情報に基づいたものが基本になったように思われる。攘夷《じょうい》の不可能なことを知り、開港に向かったのである。

そして斉昭の幕政参与が「溜の間《たまりのま》」(江戸城の黒書院《くろしょいん》の部屋の名)の諸侯と摩擦を起こすと、溜の間との関係のよい堀田正睦《ほったまさよし》に席を譲ったあと、阿部は安政《あんせい》四年(一八五七)、三十八歳で亡くなった。その生涯の努力は、ローマの哲学者セネカの言葉「禍の最中においては、用心する時としては遅いのだ」(serum est cavendi tempus in mediis malis)を思い出させるものがある。

(注1)「**正気歌**」　水戸藩主・徳川斉昭の腹心であった水戸学の大家《たいか》、藤田東湖による「天地正大の氣、粹然《すいぜん》として神州《しんしゅう》に鍾る《あつまる》」で始まる五言古詩。尊王の志士たちの士気を大いに高めた。「正気」とは万象の根本である天地に宿る精気。

崩壊への道を歩み始めた江戸幕府

前述の如く、「溜の間詰めの諸侯」との関係悪化のため、阿部正弘は溜の間詰めの一人である堀田正睦に外交のバトンを渡したが、「溜の間」を詰所《つめしょ》としていたのは井伊《いい》、榊原《さかきばら》、酒井《さかい》、奥平《おくだいら》、保科《ほしな》というような譜代《ふだい》中の譜代で、老中などを出す大名家である。阿部正弘は外交に関して御三家（とくに水戸家）や有力大名（とくに島津家）の意見を重んじたので、溜の間の連中が文句を言い出したのであった。

堀田は溜の間詰めの大名であり、かつ天保の改革を佐倉《さくら》藩で成功させるという稀な業績を持っていた。彼は蘭方医の佐藤泰然《さとうたいぜん》を招いて順天堂《じゅんてんどう》を起こさせ、大坂の緒方洪庵《おがたこうあん》の適塾《てきじゅく》とともに、佐倉を幕末蘭学の中心の一つとしたのであった。当然、開国派である。ただ彼も前任者、阿部正弘と似たような間違いをした。彼はアメリカの駐日総領事ハリスに登城を許し、将軍・家定に国書を呈出《ていしゅつ》させた。ハリスとは私邸でも会っている。それはよいが、それからハリスの上申書を諸大名に示し、開港通商に関して諸大名の意見を建白させたのだ。幕府の自信のなさを示したものと考えてよい。

さらに幕府は朝廷にお伺いを立てた。この時点で、もう幕府は崩壊への道を歩み始めた。朝廷に外交に関する国政への発言権が生まれたからである。

安政五年（一八五八）二月九日、堀田は京都に上り、参内《さんだい》して事情を述べ、日米条約調印の許可を求めたのであった。朝廷の公家《くげ》たちの会議では議論が沸騰《ふっとう》し、結局、三月二十日、堀田に修好不許可の勅諭書《ちょくゆしょ》を授けたのである。この直後の四月二十三日に、幕府は井伊直弼《いいなおすけ》を大老《たいろう》にした。そして六月にはアメリカの軍艦二隻が下田に来るし、ロシアのプチャーチンも下田に来た。ハリスも軍艦で神奈川に来て、調印を促《うなが》した。

「条約調印に勅許《ちょっきょ》は不要である」という正論（幕府側から見ての）があり、老中・松平忠固《ただかた》や外国奉行の岩瀬忠震《いわせただなり》、海防掛《かいぼうがかり》の者たちもみなこの意見に賛成であった。井伊大老ははじめ反対だったがやがて屈して、ついに安政五年六月十九日、神奈川においてハリスと日米修好通商条約が調印されたのである。攘夷に熱心だった孝明《こうめい》天皇はこれに震怒《しんど》し、二度も譲位の意思を表明した。かくて「尊皇《そんのう》攘夷」のスローガンができることになる。

徳川幕府は、初めから責任をもって断固開国するというべきだった。それを怠《おこた》ったから、朝廷、諸大名、下級武士、そして庶民まで巻き込んで、日本中が蜂の巣をつついたような騒ぎになったのである。

幕府には、鎖国など続けられないことがすでにわかっていた。さすがに朝鮮とは違って日本は「武」の国だから、たとえ戦っても勝てないことはすぐさま理解できた。黒船が江戸湾に入ってきて江戸城を砲撃されたら、止めることはできない。肚《はら》のなかでは開国せざるを得ないと思っていたのである。日本にとって幸いだったのは、この頃、ジョン万次郎がアメリカから帰国していたことだった。幕府は、すでにこの土佐《とさ》の元漁師である万次郎から情報を得ることにしていたのであった。

歴史の流れを速めた桜田門外の変

海で遭難し、アメリカの捕鯨船に救助されて米本土に渡った万次郎は、沖縄、薩摩、長崎経由でようやく郷里の土佐に戻っていたところを、アメリカに関する知識を必要としていた幕府に呼び出された。彼は最後まで表に出ることはなかったが、日本人として初めて、アメリカのアカデミーを出て白人と結婚した最初の日本人と言われる人物でもあるし、アメリカの捕鯨船にも乗った経験がある。船長が死んだとき、選挙で船長代理のような役に選ばれたこともある。帰国前には、ゴールド・ラッシュに湧くカリフォルニアの金山も見た。大統領に会ったこともあるし、もちろん英語もできる。アメリカについて桁違《けたちが》いの知識を持っていた。

このジョン万次郎を幕府は重用して、いろいろ話を聞いた。そのなかでいちばん重要だったのは、「アメリカには日本を征服する気はない」ということだった。アメリカの真意は捕鯨船のための水や補給のための避難港がほしい、できれば貿易もしたいということであると聞いて幕府は安堵《あんど》し、さほどの危機感を持つには至らなかった。ところが、それを幕府内の秘密にしていたものだから、実情を知らずに「攘夷だ、攘夷だ」と〝外敵〟排斥《はいせき》を声高《こわだか》に叫ぶ一大勢力、いわゆる攘夷派が生まれた。そのときに攘夷派弾圧の舵《かじ》を切ったのが、井伊直弼《いいなおすけ》大老だった。

彼は父の十四番目の男の子で、しかも側室の出であったから、藩主になる可能性はないと思って育ったが、兄たちの死などにより藩主になるという幸運に恵まれた（八代将軍・吉宗と似ている）。若くして修養に心がけ、居合術や茶道では一派を開くほどであった。茶道では著書もある。禅の修行もし、師の仙英禅師《せんえいぜんじ》から「悟道《ごどう》の域に達している」と言われたほどである。つまり、井伊大老は学問もできたし武芸もできた、文武両道に達した教養人だった。井伊家というのは何人も大老を出している家だ。それで血筋の誇りもあり、個人的能力にも自信があったろう。彼が阿部・堀田から受け継いだ開国策は正しかった。だが、まずかったのは「安政の大獄《たいごく》」を行って、当時一番考えの進んでいた多くの知識人たちを処刑したことだった。

攘夷の考えを持っていた孝明天皇から勅許を得られないままアメリカと修好通商条約を結び、また前水戸藩主・徳川斉昭の子、一橋慶喜《ひとつばしよしのぶ》を次の将軍に推《お》す協調派を無視して紀州藩主・徳川慶福《よしとみ》（のちの家茂《いえもち》）の将軍継嗣《けいし》指名を強引に行ったため、これらの策を行った井伊直弼は諸勢力の反撥を買った。これに対し、安政五年（一八五八）八月八日、朝廷は万里小路正房《までのこうじなおふさ》を通じ、水戸藩士・鵜飼吉左衛門《うがいきちざえもん》に密勅《みっちょく》を渡した。密勅の内容は、幕府が孝明天皇の意に反してアメリカと修好通商条約を結んだことと、一橋慶喜を家定のあとの十四代将軍にしようとした大名たちを処罰したことを弾劾《だんがい》するものであった。この動きに激怒した井伊は、反対派を烈《はげ》しく弾圧した。これが「安政の大獄」である。

幕府に悪意を持っていなかった人でも、幕末四賢侯《けんこう》の一人である越前福井《えちぜんふくい》藩主・松平《まつだいら》春嶽《しゅんがく》の側近、橋本左内《はしもとさない》が斬首されたとき、幕府に対して失望したという。左内は開国派であったにもかかわらず、春嶽を助けて次期将軍に一橋慶喜を擁立《ようりつ》する運動を行ったために処刑されたのである。

ほかにも、尊皇攘夷運動の急先鋒《きゅうせんぽう》であった梅田雲浜《うめだうんぴん》や頼三樹三郎《らいみきさぶろう》（儒学者。頼山陽《さんよう》の三男）、それに明治維新の精神的指導者の役割を担《にな》った長州の吉田松陰《よしだしょういん》らが死罪、もしくは獄死している。勅許なくして条約を結んだことに対して、井伊を糾弾《きゅうだん》しようとした水戸の徳川斉昭は蟄居《ちっきょ》させられた。

井伊直弼の外交策は間違っていなかったが、安政の大獄は残念な政策だった。あまりに多くの有能な人々を死に至らしめた。せめて入牢くらいで済ませておけばよかったのだが、死罪にしてしまったのは取り返しのつかない愚挙《ぐきょ》だった。

そのために安政七年（一八六〇）三月三日（安政七年は改元されて万延《まんえん》元年になるが、改元は三月十八日なので、事件の起こったのはまだ安政七年である）、前藩主・斉昭を蟄居させられたうえに、水戸藩に朝廷から与えられた密勅の提出を求められたことに憤慨した水戸藩士に薩摩藩士も一人加わって、江戸城桜田門外《さくらだもんがい》で井伊大老の行列を襲撃するという事件が起こった。いわゆる桜田門外の変である。これは駕籠《かご》に乗った大老を暗殺したというだけのことだが、その衝撃は大きかった。

世の中にはシンボル的な事件というものがある。徳川八百万石と称し、三河《みかわ》以来の武士団・旗本八万騎を抱えると言われた徳川家の「武」の威信《プレステージ》というものは、当時最大の権威であり、畏《おそ》れられる存在であった。その幕府最高の重職である大老が、城の前で二十人足らずの浪人どもに殺されたのは、これ以上ないほどの権威の失墜であった。当時の武士にとっては、自分の藩主が絶対的君主であった。そういう藩主たちを鉢植えのように転封《てんぽう》させたり、潰したりできる幕府の権威は途方もなく大きく感じられ、それは大公儀と受け止められていたのだ。そのイメージが一朝にして消えたのである。

この桜田門外の変の僅か七年後に大政奉還《たいせいほうかん》が行われ、その二年後には江戸城に明治天皇がお入りになったことを思うと、その歴史の流れの速さたるや、ただただ驚くほかはない。それは、この事件の及ぼした影響がいかに大きかったかを示しているものと言えよう。

小御所会議の歴史的意義

幕末の戦争の詳しい話はさまざまな小説の形で詳細に書かれているから、ここではとくに関心をひくポイントだけ取り上げてみよう。目につく事件ではなかったが、小御所《こごしょ》会議《かいぎ》の重要性については言っておかねばならないだろう。

われわれが子供の頃に習った日本の歴史では、「維新の四大偉人」として西郷隆盛《さいごうたかもり》、大久保利通《おおくぼとしみち》、木戸孝允《きどたかよし》、それに岩倉具視《いわくらともみ》の名があげられていた。それが子供心にはわからなかった。西郷さんは総大将だからわかる。大久保もわかる。長州の代表であるから木戸も当然だろう。しかし、なぜそこに岩倉のような公家が加わっているのかが不思議だったのである。

徳川慶喜《とくがわよしのぶ》が慶応《けいおう》三年（一八六七）十月に大政奉還を申し出た。これは後藤象二郎《ごとうしょうじろう》に知恵をつけられたのだろうが、土佐《とさ》の山内容堂《やまうちようどう》の案だったと言われている。これは徳川幕府にとっては致命的なことだった。幕府が諸大名に対して権威を持っていたのは、すべての武家を支配する者として、徳川家康が慶長《けいちょう》八年（一六〇三）に従一位《じゅいちい》右大臣《うだいじん》・征夷《せいい》大将軍《たいしょうぐん》となり、さらにのちには太政大臣《だじょうだいじん》となって公家を支配する地位を与えられたからである。それを奉還してしまえば徳川家と他の大名家との差はなくなり、徳川幕府は「公儀」でなくなるのだ。

これを受けて、幕府が政権を朝廷に返し、慶喜が将軍を辞職したあとをどうするかというので同年十二月九日、王政復古《おうせいふっこ》の大号令が発せられたのと同日に「小御所会議」というものが開かれた。

京都御所内の小御所に、有栖川宮熾仁親王《ありすがわのみやたるひと》などの皇族、正親町三条実愛《おおぎまちさんじょうさねなる》、岩倉具視などの公家、山内容堂、島津忠義《しまづただよし》、松平春嶽などの前・旧藩主たち、それに大久保、後藤ら、新政府の要人となるべき人々が集まって会議をしたのである。公武合体《こうぶがったい》の名の下に、代表的な大名と公家が集まっていた。そのとき初めて明治天皇が、御簾《みす》の奥にではあったがご出席になった。近代日本における最初の御前会議である。昭和の御前会議と同様、このときも天皇はお坐《すわ》りになっているだけだった。

席上、山内容堂が「この会議に慶喜を呼ばないのはおかしい」と発言した。さらに容堂は、「ここに集まっている者たちは、天皇がお若いのをいいことにして自分が天下を取り、天下をほしいままにするつもりか」と言った。どちらでもいいことだが、このとき容堂には酒が入っていたという説もある。

これに対して、長く蟄居《ちっきょ》の身だった岩倉具視が反論した。岩倉は公武合体論者だったから尊皇攘夷派に狙われ、岩倉村に身を潜めていたが、攘夷論者だった孝明天皇が亡くなったのを機に薩長と密かに手を結び、再び表に出てきていたのである。

このとき岩倉は、「天皇がお若いのをいいことに勝手なことをするとは何ごとだ。天皇はお若いとはいえ聡明でいらっしゃる。何たる失礼なことを言うのだ」と怒ってみせた。何しろ天皇の御前だから恐悚《きょうしょう》した山内容堂はかしこまってしまい、それ以上、発言できなかった。

それを受けて、大久保が以下のように論じた。「慶喜がここに列席するためには、まず慶喜が恭順の意を表さねばならない。徳川が領地を差し出し、官位を蠲退《けんたい》、つまりきれいさっぱり捨てるならば出席を認めよう」と。

そこからは岩倉の思惑どおりに、天下は討幕に向かって一直線に突き進む。「領地をすべて差し出さない限りは徳川家を討つべし」ということになって、新政府軍と旧幕府軍が京都郊外で衝突した鳥羽伏見《とばふしみ》の戦いが起こるのである。

徳富蘇峰《とくとみそほう》が、小御所会議こそは徳川幕府を終わらせるための〝関ヶ原の戦いの裏返し〟だったと言ったのはまさに当たっていると思う。小御所会議の話を読んで、私はなぜ岩倉が維新の元勲《げんくん》たちの間で尊敬されていたかがよくわかった。

維新の元勲たちは、討幕にいたる本当の動きをよく知っていた。あのとき、岩倉があいう発言をしなかったら討幕は成らなかった、ということを維新の中心人物たちは誰もが知っていたということである。

光圀の勤皇思想が日本を救った

その後は怒濤《どとう》のごとく、歴史が流れる。

小御所会議は「山内容堂・後藤象二郎に対する岩倉具視・大久保一蔵《いちぞう》（利通）四人の決闘だった」と徳富蘇峰は言っている。幕末の情況のなかで、最も穏当《おんとう》で無難と思われていた政治論は公武合体論だった。尊皇の運動は朝廷（公）が加われば吸収され、実際の政治はそれまでの治世の実績を持っている徳川家をはじめとする大名（武）が集まって合議すればよいということだった。小御所会議もその主旨の集まりだったのである。それが山内容堂の発言、それに嚙みついた岩倉と大久保の議論で、一挙に「公武合体」は「倒幕親政」に変わったのである。蘇峰も、小御所会議で無記名投票が行われれば公武合体のほうに動いたろうと推測している。

それがちょっとしたきっかけの議論が出て突如、歴史の趨勢《すうせい》は奔流《ほんりゅう》と化したのだ。維新の元勲《げんくん》と言われる人たちも、維新に至る経過は「あれよあれよ」という間の出来事で、誰かが予め《あらかじ》計画したようなものではなかったと語っているのもよくわかる。

鳥羽伏見の戦いにおいては、徳川方旧幕府勢の兵力およそ一万五千、それに対して薩摩・長州を主力とする新政府軍は約五千。ところが、新政府軍のほうが数は少なくとも鉄砲が一段新しく、射程距離が長かったのが大きな戦力の差になった。旧幕府方の鉄砲が届かない距離から薩長側は撃った。そういう武器の差もあって幕府側は総崩れになった。

この時、「錦《にしき》の御旗《みはた》」が薩長側に与えられていたことも大きかった。錦織《にしきおり》の上に日月を表した長い旗である。これが昔から「官軍」の旗印とされていたことは『太平記《たいへいき》』などに出てくる。幕末の日本人は『太平記』の愛読者だから、この旗の意味を知っていた。知恵のある者が、とりあえず西陣織《にしじんおり》の帯《おび》を竿《さお》につけて「錦の御旗」ということにしたらしい。

予めその旗を準備する時間はなかったはずだが、幕府側だって実物を見た人などいるわけがないから、この旗は幕府軍の士気を殺《そ》ぐのに大きな効果があった。慶喜が突如、戦意を失ったのも「錦の御旗」が出たと言われたからだと伝えられている。この旗はその後、東征大総督《とうせいだいそうとく》の有栖川宮熾仁親王が東海道を江戸に進む時も、進軍歌のなかで使われた。

「宮さん宮さん　お馬の前でひらひらするのはなんじゃいな　トコトンヤレトンヤレナあれは朝敵征伐せよとの錦の御旗じゃ　知らないか　トコトンヤレトンヤレナ」と私の子供の頃まで歌われていた。大坂城にいた慶喜は戦を放棄して、軍艦・開陽丸《かいようまる》で江戸へ逃げ帰ってしまう。

慶喜という人は元来、水戸の出身だから、光圀《みつくに》以来の尊王的な思想が強く、「官軍」と戦うことを好まなかった。そして、江戸に戻ってからは恭順《きょうじゅん》して戦争をしないと決める。このことは日本にとって実に幸せなことだった。あのとき、もし慶喜が断固戦うと宣言していたら大きな内乱が起こり、勝敗もどうなっていたかわからない。

というのは、何しろ薩長方には軍艦がほとんどなかったからである。幕府は開陽丸をはじめ、何隻もの軍艦を持っていた。幕府軍が本気で戦うつもりなら、日本史上初の軍歌といわれる「宮さん宮さん……トンヤレトンヤレ」を歌いながら江戸へ進んでいった官軍は箱根あたりで幕府軍と衝突し、そこが戦場になっただろう。そのときに、幕府の船が大坂あたりに逆上陸して後方を押さえれば官軍は干上《ひあ》がってしまう。

現に、そういう案を出した小栗上野介忠順《おぐりこうずけのすけただまさ》という幕臣もいた。小栗は引きこもろうとする慶喜の袴《はかま》を押さえて「ぜひ戦わせてくれ」と迫ったが、慶喜はそれを振り切って退いてしまったという。

フランスは幕府を援助すると言っていたから、フランスが幕府側につけば薩長にはイギリスが味方する。すると英仏を巻き込んでどんな戦争になり、どういう結果になったかわからない。その代償として、フランスかイギリスに領土を掠《かす》め取られてしまったかもしれない。しかし慶喜が恭順の意を示したために、あとは本格的な戦いは行われなかった。幕府側の抗戦派が結成した彰義隊《しょうぎたい》が、上野に立て籠《こ》もって抵抗したくらいだった。

西洋やシナにおける「革命」と明治維新の違い

勤皇側の軍隊が一番憎んだのは、主戦論を唱え、軍艦で新政府軍の背後に回ることを主張した小栗上野介と、京都で多くの勤皇の志士を斬殺した新選組《しんせんぐみ》の局長・近藤勇《こんどういさみ》の二人だった。小栗は自分の領地（上野国《こうずけのくに》群馬郡）に戻って隠居していたところを捕えられ、斬首された。近藤は斬首の挙げ句、晒《さら》し首にされた。勤皇派が恨み骨髄《こつずい》に徹していた新選組の頭目だったから、仕方がないともいえる。

あとは残党征伐に近い。いわゆる北越《ほくえつ》戦争で越後長岡《えちごながおか》藩を中心とする旧幕府軍が敗走したあと、本当に戦う気があったのは京都守護職だった会津藩と、江戸守護にあたっていた庄内藩だった。

長岡藩の河井継之助《かわいつぎのすけ》は、官軍の無理解のために戦闘に入ることになったのだが、この官軍のなかで目覚ましい働きをしたのは、桑名《くわな》藩の有志からなる雷神隊《らいじんたい》を率いた立見鑑三郎《たつみかんざぶろう》（尚文《なおふみ》）である。彼は少数の兵を率いて連戦連勝しながら、自分の軍の戦士の損害はほとんどなかった。維新後は地方の裁判所に勤めていたが、西南戦争の時に抜擢《ばってき》され、城山《しろやま》で西郷隆盛を自裁《じさい》に追い込む働きをした。立見は日清戦争でも偉功《いこう》を立て、日露戦争では最も危ない局面だった黒溝台《こっこうだい》を守り抜いた勇将として、司馬遼太郎《しばりょうたろう》の小説『坂の上の雲』で有名になった。彼の一生を見ると、「戦場の天才」というものがあることを知らされる。

奥羽越列藩《おううえつれっぱん》同盟のなかで会津藩のことはよく知られているが、庄内藩のことはあまり知られていない。

西郷隆盛の案だったと言われているが、薩摩藩は幕末の江戸で放火、掠奪《りゃくだつ》、暴行を繰り返すなどのゲリラ活動を行っていた。これに対して、江戸の取り締まりを行っていた庄内藩は薩摩屋敷を焼き討ちしている。だから庄内藩は、自分たちは薩摩に徹底的に憎まれているはずだと思い、どこまでも戦うつもりだったし、しかも他藩に攻め込むほど勝ちまくっていたのであるが、天下の大勢を見て降伏することにした。そのときは、厳しい処置を受けるものと覚悟していた。しかし、庄内藩が降伏した時の新政府軍の処遇は思いもよらぬ丁重なもので、西郷隆盛の命を受けた黒田清隆《くろだきよたか》は実に紳士的で、降参してきた酒井忠篤《さかいただずみ》を遇することあたかも賓客《ひんきゃく》に対する如くだった。

そのために庄内藩では一挙に西郷崇拝熱が高まって、庄内藩の武士がのちに『西郷南洲翁遺訓《さいごうなんしゅうおういくん》』を作るようなことにもなった。

いまから考えると、慶喜の功績は徳川光圀に遡《さかのぼ》る。光圀の勤皇思想が幕末の日本を救うことにもなった。徳川幕府を潰すことにはなったが、徳川家を残すもとにもなったわけである。維新の元勲たちはそのへんをわかっていたから、まもなく慶喜は許され、晩年には公爵に列せられた。

慶喜が隠退した時、田安《たやす》家から養子に迎えた家達《いえさと》は、のちに貴族院議長にもなった。大正三年（一九一四）、山本権兵衛《やまもとごんのひょうえ》内閣が総辞職し、清浦《きようら》（奎吾《けいご》）内閣も流産したときには家達に首相就任の内命があったが、これを家達は受けなかった。第一次世界大戦後のワシントン軍縮会議では全権委員であった。そして「十六代様」として、日赤社長などの慈善団体の名誉職についた。明治維新が西洋やシナのような「革命」でないことは、この一例でもよくわかる。

さらに、大正天皇のお后《きさき》である貞明《ていめい》皇后が、秩父宮雍仁《ちちぶのみややすひと》親王に旧会津藩から勢津子《せつこ》妃を迎えたのをはじめ、昭和天皇以外の弟君にもすべて朝敵の側から嫁を迎えるように取り計られたので、維新の時の朝幕《ちょうばく》の戦いの傷は完全に消えたと言ってよい。

第8章

幕府と朝廷——第二の建武の中興へ

後水尾天皇と幕府の確執

幕府と朝廷の関係という視点から江戸時代を見てみよう。

源頼朝《みなもとのよりとも》が完全な武家政権を築き、勅令《ちょくれい》により征夷大将軍《せいいたいしょうぐん》に任ぜられて鎌倉幕府を開いたところから、幕府と朝廷という二重構造が始まる。家康も、もちろん征夷大将軍になって政治の実権をすべて握り、武家諸法度《ぶけしょはっと》のみならず禁中並公家諸法度《きんちゅうならびにくげしょはっと》まで作ってしまった。これはある意味で、頼朝の再現といってもよかった。

鎌倉幕府は北条《ほうじょう》幕府に引き継がれたが、後醍醐《ごだいご》天皇の倒幕運動による建武《けんむ》の中興《ちゅうこう》（元《げん》弘《こう》三年＝一三三三）があって、一時、天皇親政が行われた。徳川幕府からいえば、建武の中興にあたるのが明治維新ということになる。

建武の中興の場合は、明治維新の尊王思想のようなイデオロギー的なものはなく、要するに朝廷と幕府の権力闘争であり、どちらが政権を握るかというだけの問題だった。

一方、徳川幕府は封建《ほうけん》制度で完全に朝廷を抑えていたにもかかわらず、明治維新によって政権が不可逆的に完全に朝廷に戻されたのはイデオロギーの問題が大きかった。幕府の完全支配の下で、家康が朝廷に与えた石高は一万石であった。隠居した天皇、つまり上皇《じょうこう》（仙洞《せんとう》）には二千石。幕府は連枝《れんし》（兄弟姉妹）と譜代《ふだい》一門を総計すると、慶長《けいちょう》十九年（一六一四）で約一千三百九万石と言われているから、一三〇〇対一の力関係だった。それが明治維新後は実質上、〇対一〇〇に変わってしまうから、どうしてそのような変化が起こるに至ったかという問題になる。

徳川幕府の初期は後陽成《ごようぜい》天皇の時代だった。この天皇は家康と似たところがおありになって、学問がお好きで、家康が出版事業を行ったのと同様、活版印刷による勅版《ちょくはん》を出されている。

一番古いものが文禄《ぶんろく》二年（一五九三）の『古文孝経《こぶんこうきょう》』。そして慶長四年（一五九九）には『日本書紀』の神代巻《じんだいかん》、それから四書五経《ししょごきょう》のうちの四書『大学《だいがく》』『中庸《ちゅうよう》』『論語《ろんご》』『孟子《もうし》』、さらに白居易《はくきょい》の「長恨歌《ちょうごんか》」まで出しておられる。書物の奥書《おくがき》には日本神武《じんむ》天皇（「日神」）百四代の末孫《まっそん》としての署名がある。つまり、神武天皇以来何代という発想を持っていた。

その跡継ぎの後水尾《ごみずのお》天皇は気性《きしょう》が激しく、幕府と何度となく揉《も》め事《ごと》を起こしている。それは、幕府が武家諸法度のみならず禁中並公家諸法度まで作って、朝廷と公家《くげ》のあり方を規制したからである。

一回目の公家諸法度が制定されたのは慶長十八年（一六一三）。これは五カ条くらいのものだったが、元和元年《げんな》（一六一五）、二回目に出されたものは十七条ある。その大きな違いの一つは、慶長十八年のものの第一条には「公家も学問するように」とあるだけだが、元和元年のものの第一条は「天子諸芸能ノ事、第一御学問也」となっている。これは「天皇は学問第一である」ということで、要するに天皇も『貞観政要《じようがんせいよう》』を勉強しなさいとか、和歌をたしなみなさいと天皇に命令するもので、大変不敬《ふけい》であると感じる人もいた。もちろん、天皇自身もそうお考えになったと思う。

そのうち東福門院《とうふくもんいん》問題が起こる。東福門院というのは、二代将軍・徳川秀忠《ひでただ》と淀君《よどぎみ》の妹であるお江与《えよ》の方の娘・和子《まさこ》のことで、家康は孫である和子を後水尾天皇の皇后にしようとした。ところが、後水尾天皇は四辻公遠《よつつじきんとお》という人の娘・与津子《よつこ》（御与津御寮人《およつごりようにん》）を寵愛《ちようあい》していて、彼女との間に男の子が生まれていた。この子は八歳くらいで亡くなったが、さらにもう一人、女子が生まれた。

このことが問題視されて結婚式が延びたうえ、秀忠が御与津御寮人を宮中から追放したものだから、後水尾天皇は非常に腹を立てられた。

紫衣《しえ》問題というのもあった。紫の衣というのは朝廷から許されるもので、僧侶にとって最高の名誉であり、朝廷の宗教支配の権力を示すものでもあった。それを公家諸法度制定と同じ慶長十八年（一六一三）、「紫衣法度」が定められ、幕府の許可を得てから勅許《ちょっきょ》を下すべしということにした。これは天皇の宗教権（宗教を支配する権利）を奪うということだから、非常に問題になった。

また大徳寺《だいとくじ》のような有力な寺院では、住持《じゅうじ》は天皇が定めることになっていたが、これも幕府が決めることになった。これに反発した後水尾天皇が、幕府に無断で紫衣着用の勅許を出し、幕府がそれを無効にして取り上げようとした時、これに対して反対運動を起こした大徳寺の住持、沢庵禅師《たくあんぜんじ》は出羽国《でわのくに》の上山《かみのやま》に流罪《るざい》となった。こういうことが重なって、後水尾天皇は退位したいと言い出された。

徳川初期の「ミニ藤原時代」

後水尾天皇の退位について正確な情報がなかなか手に入らないものだから、三代将軍・家光《いえみつ》は乳母《うば》であったおふくを伊勢神宮参拝のついでに朝廷にやって天皇に面会させ、様子を窺《うかが》おうということになった。ところが、おふくという人は明智光秀《あけちみつひで》の家来だった斎藤利三《さいとうとしみつ》という武士の娘にすぎず、無位無官の女性である。そういう人が天皇にお目にかかるなど空前のことだった。それで三条西実条《さんじょうにしさねえだ》の妹分ということにして緋袴《ひばかま》を許し、春日局《かすがのつぼね》という名前にしてお会いすることになった。

この会見に対しても後水尾天皇は機嫌を損ね、春日局と会ってから一カ月後に女一宮《おんないちのみや》である興子《おきこ》内親王（明正《めいしょう》天皇）に譲位してしまった。この方は、天皇と和子の間に生まれた子供である。

東福門院問題は朝幕《ちょうばく》関係を一時緊張させたが、長い目で見るとプラスが大きかったとも言える。和子の入内《じゅだい》のことが決まったのは慶長十七年（一六一二）のことであるが、大坂の役《えき》、家康の死、さらに御与津御寮人問題があり、延び延びになった入内が実現したのは元和六年（一六二〇）のことで、話が決まってから何と八年が経っていた。

和子は当時、十四歳である。しかしご結婚後の天皇との関係はよかったとみえ、二皇子、五皇女を産んでいる（二皇子はともに夭折《ようせつ》）。

和子の入内という形は、藤原氏以来の実権者の念願である。将軍は天皇になれないが、天皇の外祖父《がいそふ》にはなれるからである。だから家康は禁裏御料《きんりごりょう》としてはたった一万石しか献上しなかったが、和子入内のときは幕府から化粧料として一万石、さらに和子の兄の家光が将軍になったときにさらに一万石を増俸《ぞうほう》し、退位された後水尾天皇には一万石などなど、宮廷の収入は家康の頃の四倍以上になった。

それに加えて現金などの援助もあったので、宮廷文化が花開く財政的条件ができた。後水尾院の修学院離宮《しゅがくいんりきゅう》や、八条宮智仁《はちじょうのみやとしひと》・智忠《としただ》親王の桂離宮《かつらりきゅう》造営なども、幕府の財政援助があったればこそ可能だったのである。

和子の実子の明正天皇（女帝。百九代）に次ぐ後光明《ごこうみょう》天皇（百十代）、後西《ごさい》天皇（百十一代）、霊元《れいげん》天皇（百十二代）の三代の天皇は和子の猶子《ゆうし》（養子）である。ここに宮廷を中心とする一種のサロンも形成され、「寛永文化《かんえいぶんか》」の一つの中心をなすことになった。徳川初期に「ミニ藤原時代」が京都にできたと言えよう。

型破りな反幕府的天皇

こうして、女帝である明正天皇が即位された。大御所《おおごしょ》・秀忠も将軍・家光も、後水尾天皇が紫衣事件のあと、事前に幕府や公家に知らせることなく突然、興子内親王に譲位されたことはおもしろくなかったけれども、結局は事後承諾した。明正天皇は和子の娘、すなわち秀忠の孫にあたる徳川家の女性だから、結局、納得したのだろう。その代わり、武家伝奏役《ぶけてんそうやく》であった中院通村《なかのいんみちむら》を罷免《ひめん》して江戸の東叡山寛永寺《とうえいざんかんえいじ》に幽閉《ゆうへい》した。

前述したように、通村は家康に『源氏物語』を伝授した人物である。寛永寺住職の天《てん》海僧正《かいそうじょう》が気の毒に思い、家光に「古今伝授《こきんでんじゅ》」を条件に許してもらったらどうかと取り計らったらしい。だが通村は、「残念ながら将軍は和歌が上手ではないから」と断った。すると、それを聞いた家光が感心して通村を許したという。どこまで本当かはわからないが、そう伝えられている。

その次に即位された後光明天皇（明正天皇の異母弟で和子の養子）はさらに気性が激しく、「あまり問題を起こさないように」と後水尾天皇が諭《さと》されたほどだった。

そもそも後光明天皇は歌を好まれず、また淫乱《いんらん》の書だと言って『源氏物語』『伊勢物語』も読まない。朝廷が衰えたのは和歌などを詠んでばかりいるからだ、と剣術に熱中する。京都所司代《きょうとしょしだい》の板倉重宗《いたくらしげむね》が「江戸に知られたら大変なことになる。私は切腹しなければならない」と諫《いさ》めたら、「私は武士の切腹を見たことがないから、ぜひ見せてくれ」と言われたという。

その一方で、学問好きでもあられた。幕府ではとっくに朱子学になっていたのに、宮廷ではまだ漢《かん》・唐《とう》の時代の注疏《ちゅうそ》を使って儒学を学んでいた。ところが、後光明天皇は朱子の新注を重んじ、近世儒学の祖といわれた藤原惺窩《ふじわらせいか》を尊敬していた。後光明天皇は百近い漢詩を残している一方、天皇にしては珍しく残っている和歌は少ない。また、仏教の学問は「有用の学」ではないとして好まれなかった。非常に反幕府的な天皇であったといえるだろう。

その後の二人の天皇――後西、霊元天皇も幕府の血を引いている和子（東福門院）の猶子（養子）で、この間の朝廷と幕府の関係は平穏《へいおん》であった。霊元天皇の御製《ぎょせい》の一つに、朝鮮使が来たときに詠《よ》んだ「高麗人《こまびと》の　語るを聞かば　唐土《もろこし》も　我が国富める　時や知るらむ」という歌がある。日本の様子を見た朝鮮使の話を聞けば、シナの人たちもわが日本が富んでいることを知るであろうという意味である。穏やかに繁栄している四代将軍・家綱《いえつな》の時代の京都の雰囲気を示しているように思われる。

閑院宮家を創設した白石の功績

五代将軍・綱吉《つなよし》は学問をよくし、尊王の心が厚かった。養子・家宣《いえのぶ》の奥方が近衛《このえ》家から嫁いでいたので、彼女から「朝廷はお金に困っている」ということを聞いたらしく、朝廷の石高を一万石加増した。家康が与えた一万石に、秀忠が和子を嫁がせる時に化粧料として一万石を上乗せし、綱吉がさらに一万石を足したので、これで朝廷の石高は三万石となった。また、仙洞（先帝）には三千石、のちにさらに二千石足している。綱吉の頃から歴代天皇の山陵《さんりょう》が荒れ、庶民が勝手に木を伐《き》ったりしているのでそれを止めさせ、大がかりな修繕も行っている。

綱吉の跡を継いだ六代・家宣は歴代将軍のなかでは地味な存在だが、新井白石《あらいはくせき》を登用するなど、なかなか優れた将軍であった。白石は、「朝廷ではあとを継ぐ天皇はいいが、ほかの皇子・皇女はみな寺に入る。これは人間として実にかわいそうではないか」と家宣に説き、新たな宮家を立ててはどうかと進言した。こうして、東山《ひがしやま》天皇の皇子の秀宮《ひでのみや》（直仁《なおひと》親王）という方を初代として閑院宮《かんいんのみや》家が創設された。

この閑院宮家創設は非常に重要な出来事であった。現在の皇室はその直系にあたり、このときの閑院宮家から出ているからである。

新井白石が危惧《きぐ》したのは、「現在の将軍家は綱吉、家宣と養子が続いた。つまり二代にわたって世継ぎが生まれなかったことになる。皇室でもそういうことが起こるだろう」ということであった。だから皇統断絶を防ぐため、徳川御三家《ごさんけ》のように跡継ぎの資格を持つ宮家を作っておいたほうがいいと考えたのである。この白石の建言がまさに功を奏して、今日まで朝廷が続いていることになる。ずっとあとの話になるが、第百十八代・後桃園《ごももぞの》天皇（在位一七七〇～一七七九）に後嗣《こうし》がなかったため、六代遡《さかのぼ》って閑院宮家から養子を迎え、第百十九代・光格《こうかく》天皇が即位した。

これは現在の問題でもある。国民が心配しているのは、悠仁《ひさひと》親王がお生まれになって一安心したものの、男子がお一人しかいらっしゃらないから、これから先、どういうことがあるかわからない。何か事故があるかもしれない。徳川家も僅か十五代の間に七人も養子を迎えなければならなかった。その血を受け継いでいくには、やはり藩屏《はんぺい》になるものを作る必要があるというのが白石の意見だった。その意見は今日にも生きているのではないだろうか。

『太平記』の影響力

尊王思想の背景として大きな力があったのは意外にも、南北朝《なんぼくちょう》を舞台とした軍記物語、『太平記《たいへいき》』だった。

十四世紀後半に成立したといわれる『太平記』はいろいろな読み方ができると思うが、鎌倉・北条幕府を滅亡させた物語として読めば、そのなかでなんといっても一番力があって、しかも純粋さを持った英雄は楠木正成《くすのきまさしげ》である。この物語から、楠木正成に憧れる信仰のようなものが生まれた。

摂津尼崎《せっつあまがさき》藩主の青山幸利《あおやまよしとし》（一六一六～一六八四）が、自分の領内に古墳があるので調べてみたら楠木正成の骨が埋められていることがわかり、輪塔《りんとう》を建て、松を植えて供養したという話がある。学者の間でも楠公《なんこう》に対する尊敬心が厚く、その一つの表れとして、戦前であれば小学生でも知っていたほど有名なのが、その後、水戸光圀《みとみつくに》の建てた墓碑であった。

元禄《げんろく》五年（一六九二）、光圀が、楠木正成が討ち死にした湊川《みなとがわ》（現兵庫県神戸市）に建てた墓碑に「嗚呼《ああ》忠臣楠子之墓」と刻み、のち明治天皇の勅令によってそこに創建されたのが現在の湊川神社である。裏の碑文《ひぶん》は儒学者・朱舜水《しゅしゅんすい》のものだ。彼は明《みん》の滅亡に際して日本に亡命し、光圀によって水戸藩に庇護《ひご》され、水戸学の形成のみならず、林鳳岡《はやしほうこう》、木下順庵《きのしたじゅんあん》、山鹿素行《やまがそこう》らとも交わり、日本の儒学に大きな貢献をした。

その朱舜水自身は、この碑が建てられる十年前の天和《てんな》二年（一六八二）に亡くなっているが、この碑文は元来、加賀《かが》藩主・前田綱紀《まえだつなのり》（一六四三～一七二四）が狩野探幽《かのうたんゆう》に描かせた楠木正成・正行《まさつら》親子の桜井駅の別れ（注1）の絵に朱舜水が寄せた賛《さん》だといわれている。

寛政《かんせい》の三奇人といわれる高山彦九郎《たかやまひこくろう》、蒲生君平《がもうくんぺい》、林子平《はやししへい》も『太平記』を読み、〝朝廷対幕府〟という構図を考えていた。高山彦九郎は幕府に睨《にら》まれて、最終的には自殺してしまう。彼らは三人とも浪人《ろうにん》の学者だが、庶民も『太平記』を好んで読んだからその影響力は大きかった。

前に述べたように、幕末の鳥羽伏見《とばふしみ》の戦いから官軍の江戸進撃に至るまで、『太平記』に出てくる「錦《にしき》の御旗《みはた》」は官軍のために大きな力を示したのである。

（注1）**桜井駅の別れ**　『太平記』の名場面の一つ。建武三年（一三三六）、自らの進言が後醍醐天皇に受け入れられず足利尊氏《あしかがたかうじ》の大軍を迎え撃つことになり、死を覚悟した楠木正成が、湊川の戦いを前に西国《さいごく》街道（山陽道）の桜井の駅（宿場）で数え十一歳の嫡子《ちゃくし》・正行と今生《こんじょう》の別れを交わし、「お前は生き延びていつか必ず朝敵を倒せ」と、帝から賜《たまわ》った菊水《きくすい》のご紋の入った短刀を正行に授ける。戦前・戦中までは日本国民で知らないものはなかったエピソードで、「青葉茂れる桜井の……」で始まる唱歌「桜井の訣別《けつべつ》」（大楠公《だいなんこう》の歌）も広く親しまれた。

世界に誇るべき光圀の『大日本史』

そして、尊王思想を語るうえでなんと言っても重要なのは、水戸光圀の『大日本史《だいにほんし》』

である。

光圀は江戸駒込《こまごめ》の別邸を小石川《こいしかわ》本邸に移して「彰考館《しょうこうかん》」と称し、本格的に『大日本史』の編纂《へんさん》に着手した。公《おおやけ》の日本正史は奈良平安時代の『日本書紀』以下、『日本三代実録《にほんさんだいじつろく》』までの『六国史《りっこくし》』しかない。その後に書かれたものは、どれも個人が勝手に書いたようなものである。そこで、『大日本史』の主旨は孔子の『春秋《しゅんじゅう》』の如く、正しいものと間違ったものを分けることにあった。体裁は朱子の『資治通鑑綱目《しじつがんこうもく》』（102ページ参照）に従う。日本中から学者を集め、天下の副将軍の威光をもって全国の神社や寺にあるさまざまな文書を閲覧《えつらん》し、編纂を開始した。

『大日本史』には有名な三つの特色がある。一つは神功《じんぐう》皇后を歴代の天皇に数えずに皇后としたこと。次に、即位したかどうか議論のあった大友皇子《おおとものみこ》を天皇と見なして本紀《ほんぎ》に入れたことである。実際に、大友皇子は明治になってから弘文《こうぶん》天皇と追諡《ついし》（死後に諡《おくりな》を贈る）された。これは『大日本史』の意見に従ったものである。もう一つは、南北朝のうち南朝を正統としたこと。のちになって南朝と北朝の両朝は一致するわけだが、二つに分かれていた間は南朝の後醍醐天皇家を正統としたのである。

明暦《めいれき》三年（一六五七）に始めて、正徳《しょうとく》六年（一七一六年）に「紀伝《きでん》」の部分が完成した。

これは神武天皇から後小松《ごこまつ》天皇までを扱っている。後小松天皇はご存知のように、南北朝が合一《ごういつ》した時の第百代天皇である。北朝系ではあるが、南朝の後亀山《ごかめやま》天皇と話がついて南北朝が合一し、北朝の後小松天皇の一統になった。

光圀が元禄十三年（一七〇〇）に亡くなったあとも水戸藩は綿々と編纂を続け、文化《ぶんか》七年（一八一〇）には二十六巻を朝廷に献じ、幕末には水戸斉昭《なりあき》が「紀伝」を補完して朝廷と幕府に献じている。最終的に完成したのは明治三十九年（一九〇六）、日露戦争の翌年だった。全四百二巻、完成までに要した期間はなんと二百五十年。物凄い話である。それだけの時間を費やして完成したこの歴史書は、世界に誇るべきものだ。

その影響は非常に大きく、しかも光圀は諸侯の尊敬を集めていたから、幕末において尾張《おわり》の徳川慶勝《よしかつ》は「もしも事が起こったら尾張家は官軍になる。楠木正成が金剛山《こんごうざん》千早《ちはや》城《じょう》に立て籠もったようにわれわれは木曽に立て籠もる」と言った。本家の徳川幕府を、あたかも北条幕府か足利幕府になぞらえたようなことを言う徳川家連枝《れんし》（兄弟）の大名まで出てきたから、将軍・慶喜《よしのぶ》も謹慎して朝廷とは戦わなかったのである。

この膨大《ぼうだい》な歴史書を、戦前の日本の出版界の王者、講談社の野間清治《のませいじ》が十六巻にし、索引一巻を付け十七巻にして昭和四年（一九二九）に出版した。これは私も持っている。

オリジナル版で四百二巻を揃えるのはなかなか難しいが、漢文そのままの講談社版は索引も付いているから手頃で便利である。

伊藤仁斎と荻生徂徠

尊王思想を唱えた学者について詳しく語り始めるときりがないが、たとえば山鹿素行は寛文《かんぶん》九年（一六六九）に『中朝事実《ちゆうちようじじつ》』という本を書いている。「中朝」というのは〝中国《ちゆうごく》の朝廷〟、つまり日本の朝廷のことである。

初期の儒者はシナのことを〝中国〟と言っていたが、この頃になると〝中国〟というのは自分の国のことを褒めていう言葉であるという認識ができて、素行も日本のことを中国と言っているのである。かつては『日本書紀』でも〝中国〟という言葉は日本という意味で使っていたが、鎌倉時代には偉い学者といえばシナから来ていた坊さんのことだったから、〝中国〟がシナを指すようになってしまった。素行の頃から、わが国の歴史書を「中朝事実」とする言い方が再び出てくるのである。

余談だが、学者を評価する場合、シナのことをどう呼んでいるかが一つの大きな指標《メルクマール》になる。たとえば荻生徂徠《おぎゆうそらい》という人は戦後、非常に人気が出た学者である。前に述べたように、江戸時代の漢学者で全集が戦後に二度出たのは徂徠くらいのものだろう。

元京大の教授で、訪中時に中国共産党から大歓迎された吉川幸次郎《よしかわこうじろう》も熱心に推薦し、政治学者の丸山眞男《まるやままさお》とともに二十巻のみすず書房版の全集の監修者でもあった。同じ頃に、河出書房新社からも徂徠の全集（今中寛司《いまなかかんじ》・奈良本辰也《ならもとたつや》）が出ている。一九七〇年代の日本に起こった中国ブーム、文化大革命礼賛、大学紛争時代の時代思潮を示す一つの出版物として見ることができよう。

ところが、徂徠という人はまことにすぐれた学者ではあったけれども、前述したように、伊藤仁斎《いとうじんさい》のように終生浪人するつもりは毛頭なく、どこかに仕《つか》えたいという権威主義的な気持ちがあった。そして五代将軍・綱吉の寵臣《ちようしん》、柳沢吉保《やなぎさわよしやす》に仕えて五百石を与えられた。また、自分を「東夷人《とういじん》」と呼んだり、自分の家系は物部《もののべ》氏だからというのでシナ風に「物《ぶつ》徂徠」とか「物茂卿《もけい》」と称したり、また徂徠という号も『詩経《しきよう》』の「魯頌《ろしよう》」にある「徂徠の松」から取ったと言われる。幼名が雙松《なべまつ》だったからと思われる。

長崎の人を通じてシナ語を学び、シナ語の音で読み下してそのまま理解しようという学習法を始めた人物でもある。いわゆる返り点、送り仮名による漢文研究法から抜け出そうとしたのである。これは語学としては正則《せいそく》であり、吉川幸次郎博士のようなチャイニーズ・カンバセーションを得意とした人が評価した一つの理由であろう。しかし、古典の漢文を読むのとチャイニーズ・カンバセーションには本質的な断絶がある。

いずれにせよ、徂徠という人は、「趣味は何か」と聞かれた時に「ただ炒豆《いりまめ》を噛んで宇宙間の人物を詆毀《ていき》する（けなす）だけだ」と答えたほどの人物である。ただ、日本よりシナを重んじるところのある人物であった。

徂徠は、初めのうちは伊藤仁斎を尊敬していたらしいが、のちに激しく攻撃するようになった。学派的なことは別として、この二人の間には日本という国に対する考え方に根本的な違いがあったのではないかと思う。仁斎の詩に次のようなものがある。

神皇正統億萬歳
一姓相傳日月光
市井小臣嘗竊祝
願教三文教勝二虞唐一

神皇正統タルコト億萬歳
一姓相伝ウルコト日月ノ光
市井ノ小臣カツテヒソカニ祝ス
願ハクハ文教ヲシテ虞唐ニ勝タシメン

（日本の皇室は億万年も続いている。一つの家系が伝わること太陽や月の光の如く変わらない。自分は町の庶民にすぎないが、かつてひそかに神に告げた。日本の文教をシナ伝説の聖天子である堯《ぎょう》や舜《しゅん》よりもすぐれたものにしようと）

ここに明快に示されているのは、日本に万世一系《ばんせいいっけい》の皇室があることに対する誇りである。シナは王朝が変われば姓も変わるし、民族もしょっちゅう変わる。周《しゅう》は姫《き》氏、漢《かん》は劉《りゅう》氏、隋《ずい》は楊《よう》氏、唐は李《り》氏、宋《そう》は趙《ちょう》氏、元《げん》はクビライ・ボルジギン氏、明は朱《しゅ》氏、清《しん》は愛親覚羅《アイシンギョロ》氏である。隋の楊氏は鮮卑《せんぴ》族の普六茹《ふりくじょ》氏、唐も鮮卑族の大野《だいや》氏といった具合である。

仁斎はこれを知り、日本とシナの差を明確に認識していた。自分の名前を徂徠のようにシナ風（物徂徠など）にしなかった。徂徠と違って幕府に職を求めず、貧困を苦にせず悠々《ゆうゆう》と一浪人学者として一貫した。どちらの人物がすぐれているかは明白のように思われる。

尊王思想の噴出

幕末に大きな影響力を持ったのは、山崎闇斎《やまざきあんさい》（一六一九〜一六八二）が説いた「垂加神《すいかしん》道《とう》」だ。闇斎は初め仏門に入ったが、やがて儒学に傾倒し、神道まで学んだ。儒学を神道に統合して垂加神道を開いたのだから、本当の尊王思想と呼ぶべきものである。これは有名な話だが、ある人が「もしも孔子が大将になり、孟子が副将になって日本に攻めてきたらどうするか」と訊いた。孔子や孟子を尊敬している儒学者たちは誰も答えられなかった。すると闇斎は声を励まして、「孔子、孟子を生け捕りにし、軍神の血祭りにあげる、これが孔孟の教えである」と喝破《かっぱ》したという。

その闇斎の弟子から浅見絅斎《あさみけいさい》という人が出る。絅斎はより実践的で徹底した尊王思想を持ち、尊王の気持ちをどう奮い起こすかという主旨で『靖献遺言《せいけんいげん》』を書いた。

この本は忠義のために立派に死んだシナの人たち、屈原《くつげん》、諸葛孔明《しょかつこうめい》、陶潜《とうせん》、顔真卿《がんしんけい》、文天祥《ぶんてんしょう》など八人の血沸き肉踊る物語である。これは勤皇の志士たちの必読書となり、維新の起爆剤の役割を果たした。絅斎は「朝廷の代わりに政権を握っている江戸幕府の町には行かない」と言って、江戸に足を踏み入れなかったくらい頑固な人でもあった。

史書『保建大記《ほうけんたいき》』を書いた栗山潜鋒《くりやませんぽう》という水戸藩の朱子学者もいる。「保元《ほうげん》の乱」で平家が勢力を得、皇室が衰退して武家に権力が移ったとき、本来は天皇が統治すべきであったと示唆《しさ》した本である。

新潟の町医者の子だった竹内式部《たけのうちしきぶ》（敬持《たかもち》）は、この『保建大記』を使って公家たちに講義したので、幕府の専制と摂関家《せっかんけ》による朝廷支配に憤慨していた若い公家たちは非常に興奮した。まだ若い桃園《ももぞの》天皇（百十六代）が噂を聞いて、自分も講義を受けたいと言い始め、『日本書紀』の「神代記《じんだいき》」まで竹内式部が直接進講した。

桃園天皇はまだ少年だったが、「なぜ勉強といえばシナの漢文ばかり読むのか。自分は日本の天皇であるのに、なぜ日本の起源を記した『日本書紀』を読んではいけないのか」というすばらしい意見を述べられた。そのため、母親や公家たちが江戸幕府の耳に入ることを恐れ、竹内式部の進講は十二回で終わってしまったようだ。

竹内式部は浅見絅斎の『靖献遺言』も講義したが、結局、幕府の取り締まりを受けて天皇近習《きんじゅ》や公家たちが大量に処罰され、竹内式部も追放された。もっとも、別に謀反《むほん》というわけではないし、実際に何らかの行動を起こしたわけでもないから、飲んで騒いだというような取るに足りない罪状だった。

宝暦《ほうれき》八年（一七五八）に起こった、このいわゆる宝暦事件は、のちの明治維新の功労者、岩倉具視《いわくらともみ》の倒幕運動に繋がっている。この事件で岩倉の先祖も終身禁錮《きんこ》刑を受け、非常に苦労した。そのことを岩倉はずっと恨んでいたのである。

桃園天皇の御代《みよ》は第九代将軍・家重《いえしげ》の頃である。八代将軍・吉宗《よしむね》が没して僅か七年後の話である。平和で徳川家の支配が盤石《ばんじゃく》のように見えた時代に、すでに王政復古《おうせいふっこ》を志す人たちの暗流が民間と宮廷にじわじわと力を伸ばしていたのである。

次いで明和《めいわ》事件（明和四年＝一七六七）が起こった。この事件で捕まった山縣大弐《やまがただいに》はさらに過激な尊皇攘夷を唱えて幕府を批判し、しかも軍事を語った。大弐はもともと甲府の与力《よりき》の家の出身で、先祖を辿れば武田信玄《たけだしんげん》の重臣、山縣三郎兵衛《さぶろべえ》（昌景《まさかげ》）だという。

大弐は号を柳荘《りゅうそう》といい、その著書に『柳子新論《りゅうししんろん》』（宝暦九年＝一七五九）がある。「柳子曰《いわ》く」で始まるのであるが、その立場は天皇御親政の時代を称《たた》え、武家が政権を執《と》った時代について「肩書は将軍などと言っているが、本当は皇位を侵しているものだ」と言い、また孟子の放伐《ほうばつ》思想を取り入れて、「天下を治めている者の政治が民を害するようであれば、これを討つべきである」というような〝危険〟思想を述べていた。

そのうえ、彼は甲府の城はこうすれば落ちるとか、江戸を攻めるには品川から火矢《ひや》を飛ばせばいいとか、江戸は西側の守りが弱いとか、そういう具体的な軍事の講義をしたから謀反の疑いありと密告され、逮捕されて明和四年（一七六七）に処刑された。これが明和事件である。

松平定信と「尊号事件」

宝暦事件も明和事件も、田沼意次《たぬまおきつぐ》（老中《ろうじゅう》在位一七七二〜一七八六）が老中になる前に起きたことだが、田沼に代わって老中となった松平定信《まつだいらさだのぶ》は皇室に対する尊敬が厚く、実現はしなかったようであるが、皇室にさらに二万石ほど加増し、公家の石高ももっと増やしたほうがいいのではないか、と言っている。また、伊勢神宮が白木《しらき》でできていることを尊び、それに比べて家康を祀《まつ》っている日光東照宮《にっこうとうしょうぐう》は贅沢《ぜいたく》すぎるのではないかと言い、その修理費用を抑えようとしている。ところがその松平定信でさえ、光格天皇のとき、朝廷と問題を起こしている。

光格天皇（百十九代）は前述したように、後桃園天皇（百十八代）が崩御《ほうぎょ》した折に皇子がいなかったため閑院宮家から即位したのだが、その父親である典仁《すけひと》親王に太上《だじょう》天皇という諡を奉《たてまつ》りたいという希望を持っていた。光格天皇が後桃園天皇の養子となって即位したことにより、父よりもご自分の位が上になってしまい、しかも禁中並公家諸法度に定められた父・典仁親王の序列は摂関家よりも下であり、天皇の実父が臣下である摂関家を目上としなければならないことに対して、光格天皇は不満を抱いたのである。

だが、禁中並公家諸法度は江戸幕府にとっては初代・家康が定めた祖法であり、それを変えることは幕府そのものの尊厳を傷つけるものだ。したがって幕府が拒絶することは明らかであったから、せめて尊号《そんごう》を贈ろうとした。それで幕府と揉めたのだが、結局、定信は断りとおして天皇の不興を買っている。

皇位についていない人間に尊号を贈るのは先例がない、というのが表向きの理由だった。だが同じ頃、定信が仕えた将軍・家斉《いえなり》の実父である一橋治済《ひとつばしはるなり》が「西ノ丸に入って大御所になりたい」と言っていたが、政治が煩瑣《はんさ》になるから定信は認めたくなかったのだろう。それを止めさせるために、同じようなケースである皇室のほうも断ることにしたという事情もあったらしい。

朝廷では尊号を断念する代わりに典仁親王の待遇改善を求めたので、定信は典仁親王に一千石の加増をするなどしたが、その一方、幕府は天皇に代わって公家を処分できると主張し、この「尊号事件」にかかわった公家たちや、勤皇家《きんのうか》の高山彦九郎らを処罰した。

日本中の青年たちを感動させた『日本外史』

幕末にあって最も影響力のあった歴史家が頼山陽《らいさんよう》だった。前にも触れたが、山陽は朱子学者・頼春水《しゅんすい》の息子で、おとなしくしていればそのまま広島藩の儒者になったはずが、浪人して京都に出た。山陽は子供のときから歴史書が非常に好きだった。天下の秀才だったから漢文の素養も申し分なかったが、とにかく日本の物語が好きで、若い頃から『日本外史《にほんがいし》』のもとのような原稿を書き始めている。その草稿を読んだ人が、「これは面白い」と感心した。文章も桁外《けたはず》れにうまく、史書といっても講談のようなものだから、その面白さは比類がない。そのうち、松平定信が読んでみたいと言い出した。

定信は山陽の父・春水を知っていた。代表的な朱子学者であった春水は、「異学《いがく》の禁《きん》」では定信の支持者だったという関係があったのである。山陽は、源氏と平氏が起こったところから徳川政権の始まる前までの差《さ》し障《さわ》りのない部分だけを定信に献上した。

さすがに大名家の儒者の子供だけあって、山陽は徳川家の不興を買うようなことは書かない。ただ、定信に渡した原稿は、将軍家に触れるときは改行して他の文章より一字上げて書き、朝廷について書くときは二字上げて差を付けている。定信もそんなことでは罰したりはしない。なにしろ読むと物凄く面白いし、朝廷と幕府の関係がなんとなくわかるようになっている。家康のことに触れる場合でも、初めの頃は「少将殿」という呼称になっているが、位が上がるたびに呼称も変わる。これは当然なのだが、そうすると、その位はどこから賜ったものかと誰もが考えるように書いてある。この『日本外史』は、幕末から明治にかけて非常によく読まれた。

内容は平家の勃興《ぼっこう》から徳川十二代将軍・家慶《いえよし》にわたるが、大坂の役以後は徳川氏なので非常に簡潔に淡々と書いている。そうして最後の文章は、「源氏、足利以来、軍職にありて太政〔大臣〕の官を兼ねる者は、独り公〔家慶〕のみ。蓋《けだ》し武門の天下を平治《へいじ》すること、是《これ》に至りてその盛を極《きわ》む」で終わっている。幕末の志士たちは、「武門の盛りの極」とは「皇室の衰微《すいび》の極」であると解釈して憤激したのである。徳川幕府を一言も批判せずに、しかも尊皇の志士を奮起させた山陽の天才、ここに見るべきである。

昭和にまで至る頼山陽の影響

次に頼山陽は『日本政記《にほんせいき》』を書く。この歴史書は、神武天皇から始まる天皇家を中心に第百七代・後陽成天皇の時代まで、つまり秀吉の第二次朝鮮出兵（慶長の役）の終結までを取り上げたものだが、実にコンパクトにまとめ、明快に書いてある。量から言うと『日本外史』の半分ぐらいである。しかも、これは神武天皇から始まっている通史であり、『外史』が武家政治の時代から始まっているのとは内容を異にする。

　維新の志士のなかで頼山陽を読まなかった者はいなかったほど、その影響力たるや大変なものであった。木戸孝允《きどたかよし》も伊藤博文《いとうひろぶみ》も影響を受けたと言っている。とくに伊藤博文は『日本外史』を愛読したが、幕末に井上馨《いのうえかおる》その他と五人でイギリスに行ったときには、『日本外史』は分量が多いので『日本政記』を持っていったと言っている。憲法を作った伊藤博文の発言権は明治時代には圧倒的だったから、結局、大東亜戦争までの日本の歴史は頼山陽の『日本外史』と『日本政記』が大筋になっていると考えて間違いないと思う。

　ただ、頼山陽は「細かい点は間違っているかもしれないが、そこは調べたい人が調べてくれ」と、そういう意味のことを書いている。つまり枝葉末節《しようまつせつ》はどうでもよく、日本の歴史の大筋を頼山陽は書きたかったのである。また、山陽と交わったことのある市河《いちかわ》米庵《べいあん》は、頼山陽の漢学の素養はさほど深くはなかったと言っている。それは詳しい注釈などばかり読んで、細部にこだわっている人ではなかったという意味に解すべきである。

　緻密《ちみつ》な学問という点からいえば、幕末では佐藤一斎《さとういっさい》に及ぶ者はないと言ってよいであろう。しかし、一斎は儒学者の最高権威と崇《あが》められるほど学問がありながら、維新を起こすほどの力はなかった。儒学でいえば、昌平黌《しょうへいこう》も途中でやめている頼山陽は、儒学そのものでは一斎に及ばなかった。

しかし、山陽には日本中の青年の心を動かす力があった。これはやはり学者の資質とは異なる、いわゆる物書きの力である。日露戦争について書いた権威ある著者は何人もいるが、日本人を感激させたのは司馬遼太郎《しばりょうたろう》の小説『坂の上の雲』だったのと同じようなものである。

日本の古典と大和心の〝発見〟

もう一つ重要なのは、江戸時代に国学が発達したことだ。これは漢学の発達に刺激されたものである。それまで朝廷では『古今集《こきんしゅう》』は読まれていたようだが、『万葉集《まんようしゅう》』はあまり読まれていなかった。そもそも万葉仮名《まんようがな》を読める人が少なかったのである。僧契沖《けいちゅう》が徳川光圀から委嘱《いしょく》されて、初めての本格的な『万葉集』の注釈・研究書『万葉代匠記《まんようだいしょうき》』を著《あらわ》してから、ようやく広く読まれるようになった。

『万葉集』だけではない、『古事記』を読める人も少なかった。『古事記』は写本があまりに少ないので、偽書《ぎしょ》ではないかという説もあったほどである。『日本書紀』は純粋な漢文で書かれているから読む人はたくさんいた。ところが『古事記』は漢文と万葉仮名の折《せっ》衷《ちゅう》だから、漢文ができるだけでは読めない。それが国学では読めなければいけないから、本居宣長《もとおりのりなが》が寛政十年（一七九八）に最初の文献学的な注釈・研究書『古事記伝《こじきでん》』を完成させ、本格的な研究が始まった。

伏見《ふしみ》稲荷《いなり》神社《じんじゃ》の神官だった荷田春満《かだのあずままろ》（一六六九〜一七三六）は、国学の学校の必要性を説いた上申書「創学校啓文」を幕府に出すのだが、そのなかに「古語に通ぜざれば、則《すなわ》ち古義明らかならず、古義明らかならざれば、則ち古学復せず」という有名な言葉がある。とにかく文献学的に日本の古い言葉を調べなければならない、これが国学の一番大《おお》本《もと》の理念であった。

そして春満に続いて賀茂真淵《かものまぶち》が登場し、本居宣長が現れ、真淵との出会いから『古事記伝』が生まれる。これによって日本の重要な古典がすべて読めるようになったわけだ。「唐心《からごころ》を捨てて大和心《やまとごころ》を持つ」という考え方は、日本人に自信を与えた。自分たちにも古典があることに気がついたわけである。

日本語の文法の研究も行われた。「てにをは」という助詞があって、「書かず、書き、書く、書くとき、書けば、書け」のように、動詞や形容動詞が活用をすることも発見された。シナ語は活用しないから日本の言葉のほうがすぐれているということになって、言語の面でも日本人は自信をつけた。そうした意味でも、国学は明治維新の精神的な支柱として大きかった。

宣長のあとに出た平田篤胤《ひらたあつたね》はイデオロギー的な運動も行った。それが極端な神道思想になって、幕末の国学者・玉松操《たままつみさお》（真弘《まひろ》）の「王政復古の勅《ちょく》」の起草に繋がる。だが、極端な国学思想は、明治初期における廃仏毀釈《はいぶつきしゃく》の悲劇のもとになった。これは元来、水戸藩で小寺を整理し、一村一社にしたのが始まりとされるが、神道国教《しんとうこっきょう》・祭政一致《さいせいいっち》の思想が明治元年の神仏分離令に至り、それが極端な形で解釈され、仏教は外来のものであるという理由で寺院や仏教施設、仏像などの破壊運動が起こったのである。

これは国学の生んだ〝勇み足現象〟だったと思う。明治政府自体は「毀釈」という破壊行為を禁じたが、それでも神仏分離政策によって、神社と寺を兼ねていた両部神道《りょうぶしんとう》のお寺も壊滅的な打撃を受けた。

漢学者も「万世一系」に気づいた

一方、漢学のほうでもどんどん勉強が進んで、シナから見てもむしろ日本の状況のほうが理想的だったということにもなる。最後の本物の儒者といわれる根本通明《ねもとつうめい》は維新後、東京帝国大学でも鉄扇《てっせん》を手にして『易経』を教えていたという。夏目漱石《なつめそうせき》のエッセイ「ケーベル先生」でも有名な東大のラファエル・フォン・ケーベルが、根本のことを本物の学者だと言った。その根本先生は、「易経を読めば読むほど、日本のような万世一系の皇統《こうとう》が易経の理想ということになる」という結論に達している。

事実、国学者たちだけでなく、多くの漢学者たちも、シナ古典の研究が進めば進むほど万世一系の重要性を指摘するようになる。中国・韓国では、皇帝が代わるたびに姓が変わる。たとえば唐なら李、明なら朱、清なら愛新覚羅というように。

そう考えると、姓すら必要ない万世一系のわが皇室はそれとは比較にならないほど尊いのではないかという考えが成立する。バリエーションはいろいろあるにせよ、漢学者が到達し、国学者が唱えた日本の特色である万世一系は今日も生きている。葬式宗教に甘んじていた仏教のほうはともかくとして、その結論に江戸時代には国学者はもちろん、漢学者も完全に到達していたのである。

たとえば、『文明の衝突』で知られるアメリカの政治学者、サミュエル・ハンティントンは世界の文明圏を九つに分けているが、日本を独立した一つの「日本文明圏」としている。ほかの文明圏は、たとえばイスラム圏でもいろいろな民族、さまざまな言語圏が入っている。シナ文明圏のなかにも韓国ほかいろいろな民族が入っている。ところが日本文明圏だけは日本国だけ、日本語だけの特別な文明圏であるというのだ。では、なぜ朝鮮半島まではシナ文明圏に括《くく》れるのに日本はそうではないのか。その理由は、やはり万世一系の天子を戴《いただ》いているということが決定的である。

いまの中国政府はたった六十年ちょっとの歴史しか持たない。ほかのシナ王朝も二百年から三百年にすぎず、しかも民族も変われば名前も変わる。ところが、日本は二千年近くまったく変わっていない。それからシナにはない神社というものが存在する。なんといっても、万世一系の皇室と神社とがいまでも生きている。変わっていないものを変わっているほうに括ることはできないのだ。

チャイニーズは自分の国を「黄帝《こうてい》建国何千年」と言い、コリアンズも自分の国を「檀《だん》君《くん》建国何千年」とか言っているが、これはいずれも明治時代に日本に来た清国や韓国からの留学生が、日本人が日本のことを「神武紀元二千五百年」と言っているのを知って模倣《もほう》したものである、という岡田英弘《おかだひでひろ》氏の指摘がある。日本は一王朝が続いているからこういう言い方に意味があるが、王朝も民族も途中で何度も切れている国でそう言うのはナンセンスであろう。ちょうど、ヨーロッパ人が「ヨーロッパ建国六千年」と言ったら滑稽《こっけい》なように。

第9章 江戸文化の独自性

「勾玉文化」の意味

徳川家康には、すでに儒教と神道は相対立するものではないという思想を歓迎する考え方があった。それは林家《りんけ》にも伝わっていて、林羅山《はやしらざん》でも、鵞峰《がほう》でも鳳岡《ほうこう》でも、そういう考えを持っていた。それをより推し進めたのが、石田梅岩《いしだばいがん》（一六八五～一七四四）の心学《しんがく》である。

当時、心学は学者の間ではあまり評価されなかった。私は梅岩の生家に行ったことがあるが、通称・勘平《かんぺい》といった梅岩は、丹波国《たんばのくに》の比較的豊かな農家の二男で、京都へ出て商人になり、それから学者の道を歩んだ。もともと家が豊かだったから、子供のうちから漢学も仏教も神道も、相当に勉強したはずである。

ふつう「心学」といえば王陽明《おうようめい》の系統の学問をいうが、それとは違ったものなので、区別するために「石田心学」（石門《せきもん》心学）と呼んだほうがいいだろう。梅岩は神道も、シナの古典も仏教も学んだから、講義ではよく儒教や仏教からとった話もしているが、その石田心学は私が見るところ、究極的には神道だったと思う。

というのは、彼の中心思想は「心《こころ》」だからである。

心というのは摑みどころのないものだが、心を物質的イメージで捉えるのは神道である。

日本語の「こころ」という言葉の語源は、おそらく「ころころ」からきているのではないか。胸のなかでころころするようなもの、という感じではないかと思う。本居宣長《もとおりのりなが》はコリコリ（凝凝）の約転《やくてん》としているが、コロコロの約転としてもいいだろう。

日本では鏡《かがみ》、剣《つるぎ》と並んで勾玉《まがたま》が三種《さんしゅ》の神器《じんぎ》の一つになっている。「鏡」は高天原《たかまがはら》の時代からのご神体を示すもの。それから「剣」は素戔嗚尊《すさのおのみこと》が退治した八岐大蛇《やまたのおろち》の尾から出たもので、最初はその刀身に現れた模様から天叢雲剣《あまのむらくものつるぎ》と呼ばれていたが、日本武尊《やまとたけるのみこと》が東国鎮定《ちんてい》の折、途中の駿河《するが》で賊によって野火で攻められたときに、この剣で草を薙《な》ぎ払って難を凌《しの》いだところから草薙剣《くさなぎのつるぎ》と呼ばれ、のちに熱田神宮《あつたじんぐう》に祀《まつ》られている。これは明らかに「武」の象徴であることがわかる。

そしてもう一つの勾玉だが、勾玉を重んずる文化は日本にしかないと言われている。南朝鮮にもあるらしいが、これはおそらく百済《くだら》や済州島《さいしゅうとう》などの南朝鮮と、九州に住んでいたのは同系の民族だったからではないかと思う。この勾玉文化は、朝鮮のほうでは失われたようだが、日本では三種の神器の一つとして残っているわけである。これは八《や》尺瓊勾玉《さかにのまがたま》（大きな玉で作った勾玉）として祀られている。

勾玉は心の象徴である。心を「玉」と考えると、それに付随して「磨く」という概念が生じ、だから玉（心）を磨けばいいのではないかということになる。

心を磨く――磨くには何を用いるか。ふつうは磨き砂である。そこから儒教の教えも、神道の教えも、仏教の教えも、すべて自分の心を磨く砂であるという考えに到達する。それが梅岩の思想である。

石田心学が生まれたのは吉宗《よしむね》の時代だが、その後も石田心学を受け継ぐ優秀な人材が輩出して、梅岩の死後、商人を中心に庶民の間に広く普及した。門弟の手島堵庵《てじまとあん》、さらにその弟子である中沢道二《なかざわどうに》。彼らの特徴は、民主的であったことだ。上から教えるという形ではなく、聞きたければ聞きに来てくださいという態度である。もちろん女性でもかまわない。女と男が一緒に座るのが憚《はばか》られるようなときは簾《すだれ》で席を分けたりするくらいのことはしたかもしれないが、そういう民主的な場で「心を磨けばいい」という誰にもわかりやすく、納得できる話をしたのである。

江戸の二大文化「浮世絵」と「石田心学」

その石田心学と並んで、日本が世界に誇る江戸の二大文化の一つが浮世絵《うきよえ》である。それにひょっとしたらもう一つ俳句を加えてもいいかもしれないが、これは松尾芭蕉《まつおばしょう》の独創ではなく、連歌《れんが》から独立させ、発展させたものだからここでは措《お》く。

浮世絵はあくまで庶民の娯楽だから、絵師も当時は尊敬されず、むしろ低俗なものと見なされて、常に取り締まりの対象になっていた。芸術と認められていた狩野派《かのうは》（注1）が取り締まられたという話はない。いまの目から見れば、室町時代に生まれた狩野派や南画《なんが》（注2）など、江戸時代に非常に尊ばれた絵は、もちろん芸術的にすぐれてはいるけれど、世界の絵画史の流れからみればどこの国でもあり得るものである。当時、非常に尊敬された雪舟《せっしゅう》（注3）のような室町期の大家《たいか》が描いた絵も、世界的に見ればシナ文化の流れのなかにある。

ところが、浮世絵というのは世界に類がない。版木《はんぎ》を使ってあれだけ精妙《せいみょう》な線を表し、多色刷りで微妙な色を出し、いろいろな種類があって、美人画から風景から化け物の絵まである。浮世絵は、世界の芸術史でも非常にユニークな地位を占めている。

二十一世紀になって、アメリカで「世界の文化に影響を与えた百人」が発表されたことがあった。そのなかに二人の日本人が入っている。一人は紫式部《むらさきしきぶ》、もう一人は葛飾北斎《かつしかほくさい》である。

国内の支配階級には評価されなかったが、世界の物差しで見ると違う。浮世絵は幕末から明治時代にかけて海外に持ち出され、その素晴らしさは主としてフランスの印象派の画家たちによって〝発見〟された。

雪舟はなるほど日本では最高峰で、雪舟を持っていると大名でも大きな顔ができるというほど評価が高かったが、世界史の枠組のなかでいえば、たしかに価値はあるものの、より価値のあるものがシナにあるとか、インド、エジプトにあるということになっても不思議ではない。

ところが、浮世絵は日本独自のものだ。

石田心学もそれと同じだと思う。たしかに弘法大師《こうぼうだいし》をはじめ、日本にも偉いお坊さんはいるが、それでも釈迦《しやか》より偉いとはいえない。学者でも、伊藤仁斎などは同時代のどんなシナの学者よりもすぐれていたかもしれない。それでも孔子より偉かったということにはならない。どれほど業績を残した日本の西洋哲学者でも、ソクラテスよりすぐれている人はいない。

ところが石田心学の場合は、普通の宗教とは考え方が一八〇度異なっている。普通の宗教は、その宗教の創始者の教えにいかに合わせていくかが重要である。これは、矢内《やない》原忠雄《はらただお》というかつての東大の学長が『キリスト教入門』に書いていることだが、「分け登る　麓《ふもと》の道は多けれど　同じ高嶺《たかね》の月を見るかな」という言い方は傲慢《ごうまん》だという。どれも同じ月だとは言うけれどそうではない、キリスト教徒はキリストの教えにどこまでもついていかなければいけないという主旨である。キリスト教に限らず、宗教というのはそういうものだと思う。

ところが石田心学は、まず人間には心があって、その心を磨くのにいい教えというのが、仏教にもあれば神道にもあるし儒教にもある、というのである。これは宗教の相対化というものである。諸宗教を相対化することによって倫理の向上を実践したという意味で、世界宗教史に無比の地位を占めると言えよう。これも、「心」というものを勾玉と表象した日本人独特の感性が生んだものである。

（注1）**狩野派**　日本画最大の流派をなした画家集団。室町時代後期、始祖・狩野正信《まさのぶ》が

足利《あしかが》幕府の御用絵師に任ぜられたことに始まり、徳川時代まで世襲した。とくに正信の孫・永徳《えいとく》（一五四三〜九〇）は、信長・秀吉の下で安土城《あづちじょう》、大坂城、聚楽第《じゅらくてい》の障壁画を描き、現存する聚光院《じゅこういん》障壁画、洛中洛外図《らくちゅうらくがいず》は国宝となっている。同時期に起こった土佐派《とさは》の大和絵《やまとえ》に対し、漢画系の要素が強い。

（注2）**南画**　シナの「南宗画《なんしゅうが》」に由来する用語だが、実際は江戸中期に流行したシナ趣味の濃い日本固有の絵画様式・流派をいう。池大雅《いけのたいが》、与謝蕪村《よさぶそん》が日本独自の様式として大成した。「文人画」とも呼ばれるが、これは本来は職業画家ではない文人が手がけた作品をさす。

（注3）**雪舟**（一四二〇〜一五〇六）　室町時代の画家・禅僧。シナ水墨画の技法を学び、独自の山水画を確立した。江戸時代、画壇の権威だった狩野派が雪舟を高く評価したことから神格化が始まり、日本美術史上の巨人として後世に大きな影響を及ぼした。

日本人の道徳性の高さと心学

この石田心学の系統を引いているのが、明治以後では、前述した野間清治《のませいじ》である。彼は講談社を興《おこ》し、『修養全集』という十二巻の大ベストセラーを刊行した。その第一巻には折り込みページが付いていて、そこに中村不折《なかむらふせつ》の描いた美しい絵が掲載されていたが、その絵はなんと孔子と釈迦とキリストの三人が会談しているというものだった。

これは石田心学そのものである。だから講談社の『修養全集』のなかには乃木希典《のぎまれすけ》大将も入っていれば、マホメットも入っているのである。そのなかから自分が「ああ、この人は偉い」と思った人たちを手本にして心を磨けばいいのだ。

そういう意味で、世界の宗教や修養の概念を一八〇度変えたのが石田心学ということができるのである。専門の儒者からは軽《かろ》んじられていたのも浮世絵と同様だ。石田心学も、江戸が生んだ世界にない文化の代表と言っていいのである。

その両者が、社会の「上」の階級からでなく、「下」の階級から生じたところに江戸時代の庶民文化の特徴がある。幕末から明治初年にかけて日本を訪れた外国人たちが筆を揃えて書いていることは、日本の庶民の民度の高さ、道徳性の高さである。

宿屋の鍵のかからない部屋に財布を置きっ放しにして数日旅行して帰ってみると、財布は置いたままだったとか、婦人が東北の田舎を旅行しても、強盗や誘拐《ゆうかい》の心配が全くないなど、当時の欧米の先進国でも考えられないような社会秩序と高い道徳性のあることが、幕末や明治初年に日本に来た外国人たちを驚かせた。民衆が直接儒学やお経の勉強をしたわけではない。その大きな原因の一つは、民衆に浸透していた心学の影響があったと考えてもよいであろう。

鎖国の時代における江戸の科学

大坂夏の陣（元和《げんな》元年＝一六一五）の頃、日本が持っていた鉄砲の数はヨーロッパのどの国よりも多かったであろう。性能も劣ってはいなかった。その軍事大国が全く自発的に軍備の発達を抑えることにした、というような例は、われわれの知っている世界史のなかにはない。

家康の死んだ元和二年（一六一六）はイギリスでシェイクスピアの死んだ年であり、その頃の日本人の科学的知力はイギリス人に匹敵《ひってき》していたと言ってよい。しかし、その後の鎖国政策はキリシタン・バテレンに対する病的とも言える厳しい取り締まりとともに、西欧で急速に発達していた自然科学や工学への接触や導入を厳禁することとなった（オランダ医学が例外的に認められるのものちのことである）。

江戸時代の日本人の科学的知力を示すものとして、よく数学の例が出される。イギリスのニュートンやドイツのライプニッツに先んじて、関孝和《せきたかかず》（一六四二？～一七〇八）とその弟子たちは行列式に相当するものを発見し、その後、微分や積分、さらに二重積分に相当するものも全く独創的に発見していた。しかし、数学を応用する工学――大型船の建造など――は禁じられていたのである。

数学そのものは当時のイギリスやドイツに劣らないところまで進歩したのに、応用の道が塞《ふさ》がれてしまっていたため、近代的な学問というよりは恐ろしく知的な「芸」となり、絵馬《えま》として社寺に算額《さんがく》（注1）を掲げるようなものになったのである。

工学のほうは、幕府に対して無難な「からくり人形」（注2）を作るなどに留まった。江戸小紋《えどこもん》のような、遠目には無地に見える高度な染色技術を用いた織物を作るのと一脈相通ずるものがある。

しかし科学に対する知力は眠っていなかったから、幕末にペリーがやってきて幕府が造船や武器保有に関する禁制を緩めると、すぐに船も造るし、大砲も造り出した。ただ幕末は、ヨーロッパにあってはかのナポレオン戦争から半世紀も経っており、その間の艦船、銃砲の進歩はめざましく、それに比べれば日本のものは当然、幼稚であった。それでも、「黒船は蒸気で動かす船だそうだ」という情報だけで、ともかくすぐに蒸気船を造った藩が複数あったことは感嘆すべきことである。

（注1）**算額**　数学者（和算家）・数学愛好家が自分の作った数学の問題や解答を書いて、神社・寺院などに絵馬として奉納《ほうのう》したもの。その問題を解いた者が、答えを絵馬に書いて並べることもあった。

（注2）**からくり人形**　ぜんまい、歯車、水銀などを用い、自動的に動くようにした機械仕掛けの人形。はじめは貴族や大名の玩具・鑑賞用だったが、寛文《かんぶん》二年（一六六二）に竹田《たけだ》近江《おうみ》がからくり芝居の興行を行うなど、見世物として各地に普及し、精巧なものが作られるようになった。有名なものに、客にお茶を出す「茶運び人形」、矢籠《しこ》から矢を取り出し弓を射て的に当てる「弓曳き童子」などがある。現代でも、飛驒《ひだ》・高山祭の山車《だし》などで見ることができ、また細川半蔵《ほそかわはんぞう》というからくり師が寛政《かんせい》八年（一七九六）に書いた設計図集『機巧図彙《からくりずい》』をもとに復元されたものなどがある。

薩英・馬関戦争の明暗

文久《ぶんきゅう》二年（一八六二）八月二十一日に生麦《なまむぎ》事件が起こった。これは島津久光《しまづひさみつ》が江戸から帰る途中、武蔵国《むさしのくに》生麦村で行列に無礼があったというので薩摩武士がイギリス人の商人一人を斬り殺し、二人に重傷を負わせた事件である。

イギリスは幕府と薩摩藩に謝罪と犯人処罰、賠償金支払いを要求した。幕府は十万ポンド（四十四万ドル）を払ったが薩摩藩はこれを拒絶したので、翌年七月、イギリスの軍艦七隻が鹿児島湾に来て、いわゆる薩英《さつえい》戦争が起こった。合計百二十門の大砲を持ったイギリス艦隊は、薩摩の汽船三隻を沈め、薩摩側の砲台を破壊し、海岸近くの家屋は全て焼き払った。しかし、薩摩はアヘン戦争におけるシナ（清《しん》国）とは違っていた。

上海附近の砲撃戦でシナ側は三百名以上の死者を出したが、イギリスは死者ゼロ、負傷者二名にすぎず、軍艦に被害はなかった。しかし薩摩との砲撃戦では、旗艦ユーリアラス艦長ジョスリング大佐、および副長が戦死。また、パーシュース号は錨《いかり》を切って逃げた（錨を敵側に取られるのは大変な恥とされている）。人員の損傷からみると薩摩藩は死者三名、負傷者五名。イギリス側は死者二十二名、負傷者四十五名である。

大砲の性能が違うために薩摩の陸上の被害は大きかったが、イギリスはアヘン戦争をはじめ、有色人種に楽勝してきたこれまでとは違う新しい経験をしたのである。しかもそれは日本の政府（幕府）と戦ったのではなく、日本の一大名と戦っての話なのである。日本の植民地化などできる話ではないことが明らかになったはずで、これはのちの日英同盟まで連なる水脈と考えてよいであろう。

それから一年後に起こった長州と欧米四カ国連合軍（英・仏・オランダ・米）とのいわゆる馬関《ばかん》戦争（下関戦争）では、長州兵の主力が京都に出ていたこともあって無惨な敗北を喫したとされるが、人員の死傷者の数は連合軍側のほうが大きかったことを、三野《みの》正洋《まさひろ》氏が指摘している。薩英戦争・馬関戦争、いずれも日本人のガッツを示したと言ってよい。また、薩摩藩も長州藩も、欧米と戦ってみて武器の能力の差を知り、そこから攘夷《じょうい》の難しさを学ぶのである。

自然科学が幕府の政策と結びつくのが遅すぎたのである。平賀源内《ひらがげんない》の時代（田沼時代）にでも自然科学や工学を利用するような国策があったら、ヨーロッパに劣らないものができたであろう。源内の約百年も前に、日本の数学はイギリスやドイツのレベルに達していたのだから。幕府が禁じていない分野、たとえば日本地図の作成では、伊能忠敬《いのうただたか》（注1）の業績を見ただけで、日本人の当時の能力がわかる。田沼意次《たぬまおきつぐ》の北海道開拓政策が続けられていたら、間宮林蔵《まみやりんぞう》の間宮海峡発見は樺太《からふと》の日本領土化に繋がっていたと考えてもよいであろう。鎖国政策は世界が大航海時代に入った時に、日本には極めて臆病な政府が生じていたことを意味する。

（注1）**伊能忠敬**（一七四五〜一八一八）　江戸後期の測量家、地理学者。高橋至時《たかはしよしとき》に西洋の天文暦学と測量技術を学び、幕命により蝦夷《えぞ》をはじめ全国の実地測量を実施。文政《ぶんせい》四年（一八二一）に日本最初の実測図「大日本沿海輿地全図《だいにほんえんかいよちぜんず》」を完成させた。その正確さは、当時の西洋の地図と比べても遜色《そんしょく》のないものだった。

日本の〝ガラパゴス現象〟

鎖国によって、完全ではなかったにせよ、日本は世界から切り離された島国になっていた。その意味で、日本には一種の〝ガラパゴス現象〟が生じてきていたと言えよう。ガラパゴスとは言うまでもなく、南米エクアドル西方約一千キロメートルにある太平洋の火山群島であるが、大陸から離れた環境にあったため、太古より外からの影響がなく、動植物は特異な生物相《せいぶつそう》を持つに至った。これがダーウィンの進化論に大いに貢献したことは有名である。

日本人がいま、日本風と感ずるものの多くは、江戸時代に成熟したものである。明治維新、関東大震災、大空襲、敗戦と米軍占領とによって江戸の面影はほとんどなくなったとされるが、建物では桂離宮、庭では水戸の偕楽園《かいらくえん》、高級料亭に残るお座敷、伝統芸能、伝統料理、お菓子、茶道、華道などなど、江戸を偲《しの》ばせるものは数えていけば切りがない。着物も江戸文化そのものだ。

それは江戸時代を研究したスーザン・ハンレー女史が言っているように、「江戸時代の頃に貴族として生まれるなら、イギリスに生まれたい。庶民として生まれるなら日本に生まれたい」という主旨の結論になるのである。

ガラパゴスの動植物は特異なので、外からの侵入者があれば絶滅する恐れがある。同じように、孤島であったニュージーランドではいくつかの固有種が絶滅しているのだ。江戸時代に発達したものはあまりにも繊細でデリケートであり、滅びやすいものが多いし、すでに滅びたものも少なくない。

和算なども特異な進歩を遂げた挙げ句、消えてしまった。江戸デリケート文化の貯水池のようであった料亭も、戦後の税制によって炎天続きで乾上《ひあ》がった湖のような形になっている。

外国旅行が盛んになった今日、誰もが実感することだが、欧米の文化は観光によっては傷つきにくく、日本の江戸文化は大勢の観光客が来れば、それこそガラパゴスの動植物のように消されてしまいそうである。ノートルダム大聖堂は何人観光に訪れても大して傷まないが、日本の桂離宮や苔寺《こけでら》の庭は大観光団が来れば滅ぶ。

江戸時代の鎖国はグローバル化した今日から見れば、日本人の立場としては残念なことだったと言わざるを得ないが、またその時代に生み出された文化・文芸には何ともすぐれたものがあるのだ。

わかりやすい一例として、「江戸文化の最盛期」と中野三敏《なかのみつとし》氏が言う天明《てんめい》時代の俳人・与謝蕪村の作品を少し見てみよう。大学で江戸文学を講義してくださった竹下数馬先生に倣《なら》って、萩原朔太郎《はぎわらさくたろう》の『郷愁の詩人　与謝蕪村』から引用してみる。

君あしたに去りぬ
ゆうべの心　千々《ちぢ》に何ぞ遥《はる》かなる
君を思ふて岡の邊《べ》に行きつ遊ぶ
岡の邊《べ》なんぞ　かく悲しき

これは「晋我追悼曲《しんがついとうきょく》」という蕪村の十八行の詩の最初の四行である。「この詩の作者の名をかくして、明治時代の新体詩人の作だと言っても、人は決して怪しまないであろう」と朔太郎は言っているが、これに反対する人はいないであろう。

遅き日の　つもりて遠き昔かな
行く春や　おもたき琵琶《びわ》の抱ごころ

蕪村のこれらの句は「ギターを取りて爪弾《つまび》く」古賀政男《こがまさお》（注1）に、つまり戦前の日本の「よき時代」の感性に通ずるではないか。

愁《うれ》ひつつ　岡に登れば花いばら

この句など、十九世紀後半のイギリスの詩人の感性に通ずる。日本ガラパゴスでは二百三十年も昔に、つまりアメリカに一人の詩人も出ていない頃に、朔太郎がイギリスのロセッティ（ヴィクトリア朝後半の画家、詩人）と比べていたような感情の洗練を生んでいたのだ。

私は江戸の鎖国政策を憎む。しかし、その期間に生み出された江戸文化・文芸を愛する。

（注１）**古賀政男**（一九〇四～一九七八）戦前・戦後を通じて数々のヒット曲を世に送り出した、昭和を代表する作曲家。福岡県生まれ。世界の民俗音楽を巧みに取り入れて日本的抒情《じょじょう》を表現した旋律は「古賀メロディ」と呼ばれる。代表作に「丘を越えて」「酒は涙か溜息か」「影を慕いて」「悲しい酒」などがある。ギタリストとしても著名。

本書は、弊社より二〇一〇年七月に発刊された『渡部昇一「日本の歴史」第４巻 江戸篇 **世界一の都市 江戸の繁栄**』を、改訂した新版です。

渡部　昇一（わたなべ・しょういち）

上智大学名誉教授。英語学者。文明批評家。1930年、山形県鶴岡市生まれ。上智大学大学院修士課程修了後、独ミュンスター大学、英オクスフォード大学に留学。Dr. phil., Dr. phil. h.c.（英語学）。第24回エッセイストクラブ賞、第1回正論大賞受賞。著書に『英文法史』などの専門書、『文科の時代』『知的生活の方法』『知的余生の方法』『アメリカが畏怖した日本』『取り戻せ、日本を。 安倍晋三・私論』『読む年表 日本の歴史』『青春の読書』などの話題作やベストセラーが多数ある。

渡部昇一「日本の歴史」第4巻　江戸篇
世界一の都市 江戸の繁栄

2016年6月29日　初版発行

著　者　渡部　昇一

発行者　鈴木　隆一

発行所　ワック株式会社
東京都千代田区五番町4-5　五番町コスモビル　〒102-0076
電話　03-5226-7622
http://web-wac.co.jp/

印刷製本　図書印刷株式会社

ISBN978-4-89831-737-2